ラララ日本語

la la la♪
일본어 기초

김현주
고시로 아키코

박영사

글로벌시대의 우리들은 정보의 이동, 물건이나 자본의 이동뿐만 아니라, 사람들의 이동을 통해 전세계를 이전보다 더욱더 가깝게 느끼며 살아가고 있습니다. 이러한 글로벌화는 교육현장에서도 예외가 아닙니다. 대학에서 교양 일본어를 오랫동안 가르친 경험에서 보면, 예전에는 대부분의 학생들이 학점이수를 중점으로 수업을 듣고 있다는 인상을 받았지만, 지금은 수업에서 배운 일본어를 직접 여행이라든지 더 나아가서는 취업에 활용하려는 학생들이 많아졌다는 것을 실감합니다. 종종 학생들에게 "일본 여행은 어디가 좋아요?" "일본 취업은 어때요?" "일본에서 한국어를 가르치고 싶은데 일본사람들은 한국어를 좋아하나요?" 라는 질문을 많이 받습니다. 이처럼 지금의 학생들에게 있어서 대학에서의 일본어 교육은 단순한 어학 공부가 아니라 개개인의 글로벌화를 실현시키는 중요한 도구로 사용되고 있다는 것을 인식할 수 있습니다.

이러한 학습자들의 니즈를 고려하여, 『la la la 일본어』(이하, 본 교과서)는 초급 학습자를 위한 교과서이지만 실생활에서 바로 사용할 수 있는 문법을 중심으로 간결하게 구성하였습니다.

첫째, 본문과 학습포인트에서는 각 과마다 달성해야 할 학습목표를 간결하게 제시하고자 하였습니다. 초급학습자가 꾸준히 학습을 지속하기 위해서는 다량의 문법지식보다는 각 과를 끝내고 나서 느끼는 만족감/성취감을 반복적으로 경험하는 것이 무엇보다도 중요하다고 생각됩니다. 그래서 학습자가 무리 없이 각 과를 끝낼 수 있는 분량으로 구성함과 동시에 학습목표를 간결하게 제시하였습니다.

둘째, 각 과는 본문, 학습포인트(문형 및 문법사항), 연습문제, 회화연습, 듣기, 독해 및 작문연습 순으로 되어 있습니다. 초급학습자가 독학으로도 각 과를 끝낸 후 배운 내용을 정리할 수 있도록 본문의 토픽과 연습문제, 회화연습, 듣기, 독해 및 작문연습의 내용을 연계시켜서 구성하였습니다. 또한, 실생활에서 응용 가능하도록 다양한 관련 어휘를 제시하고 있습니다.

이 교재를 마친 후에는 학습자 여러분의 상황에 맞는 회화가 가능하기를 기대합니다.

김현주

韓国の大学に赴任して20年がたちました。この20年で語学学習をめぐる状況は様変わりしました。Youtube動画やインスタグラム、オンライン授業、各種語学学習用アプリなど、学習者は自分のニーズに合わせてコンテンツを選び、効率的に、気軽に日本語を学べるようになりました。

　このような状況において、魅力ある教材とはどのようなものか、自問自答し、試行錯誤を続けてきました。初めてことばを学ぶ段階では"とっかかり"と"効率、達成感"が重要だと考えます。日本文化に憧れ、せっかく日本語を学ぼうと熱意を持っても、膨大な情報、漢字や文法の壁に挫折感をおぼえ、あきらめてしまうケースも少なくはありません。

　このような経験を踏まえ、この度『la la la 日本語』（以下本書）を作成、出版に至りました。本書は、初めて日本語を勉強する基礎、初級レベルの学習者を対象としています。本書の特徴は以下のとおりです。

1．日本語能力試験(JLPT)N4、N3水準の文法、語彙に基づき、かつ日常でよく使われる実用性の高い項目に厳選しており、初級段階を短期間で効率的に学べます。

2．会話本文は、日本人が日常でよく使う自然な会話体で提示しています。また、学習者が日本滞在中に遭遇する場面や話題をテーマに取り上げているため、繰り返し声に出して練習することで、自然な会話の流れや表現を身につけることができます。

3．ひとつの課が、会話本文→練習問題→はなしてみよう（会話練習）→きいてみよう（聴き取り）→かいてみよう（作文）→よんでみよう（読解）→漢字とカタカナ練習　の順に構成されています。無理のない、コンパクトな量であるため、教師の方のみならず、独学で勉強しようとする学習者にとっても「話す・聞く・書く・読む」の4技能をバランスよく学習でき、達成感を感じることができます。

　本書の"la la la"は、知らないことばを初めて学ぶ時のワクワクした気持ち、現地の人に通じたときの喜びの気持ちをこめて名付けました。

　多くの人に手に取っていただき、本書が日本語学習の一助となれば幸いと存じます。

小城　彰子

차례

음성 파일은,
QR 코드를 스캔하시면 확인하실 수 있습니다.

登場人物　등장인물

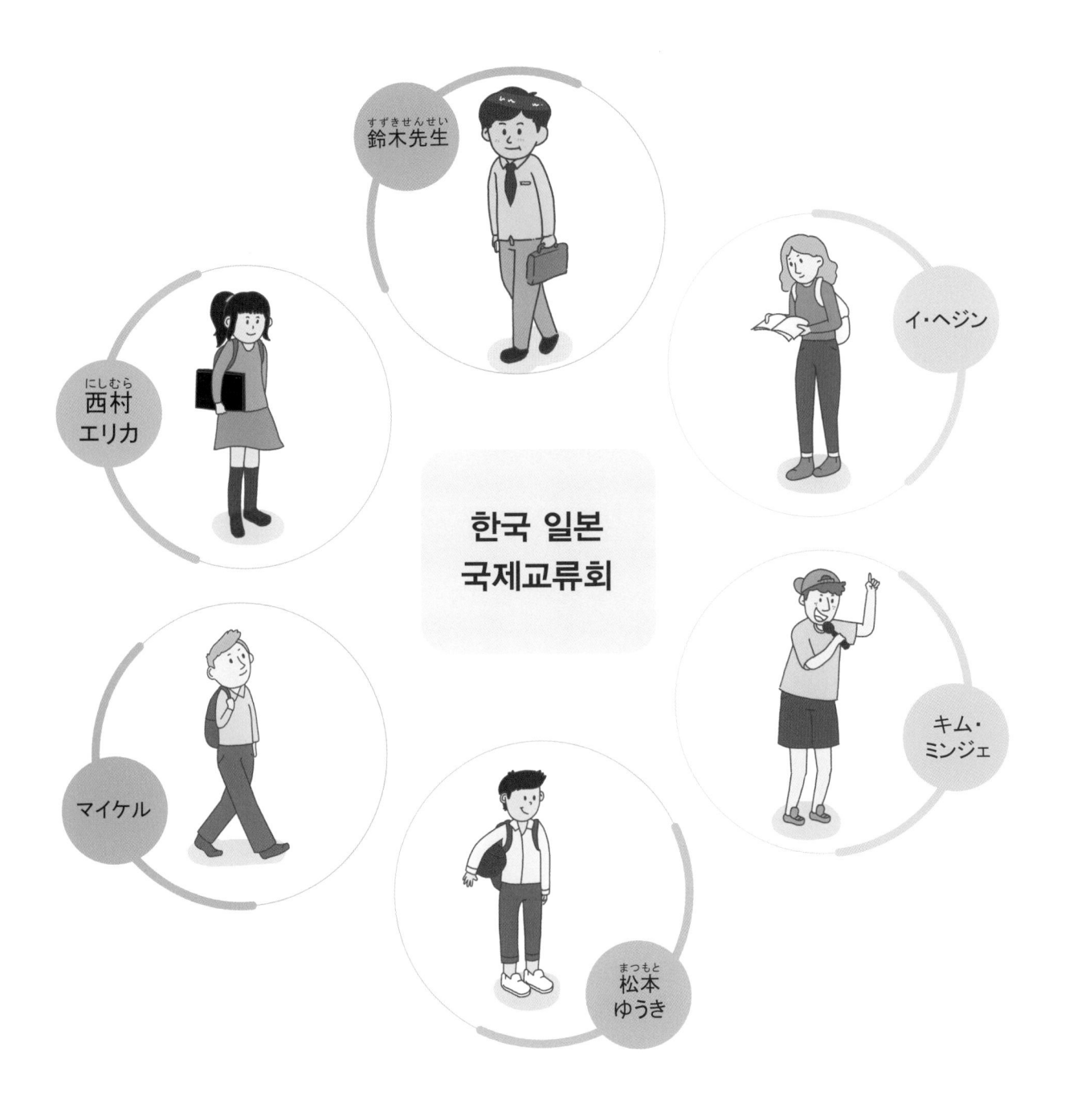

すずきせんせい
鈴木先生

イ・ヘジン

にしむら
西村
エリカ

한국 일본
국제교류회

マイケル

キム・
ミンジェ

まつもと
松本
ゆうき

제1과

문자와 발음

학습포인트 ●● 1. 히라가나(ひらがな)

2. 가타카나(カタカナ)

3. 인사표현

1과 • 문자와 발음

일본어의 문자

일본어의 문자는 히라가나(平仮名), 가타카나(片仮名)가 있다.
히라가나는 한자의 초서체를 간략하게 줄여서 만들었다.

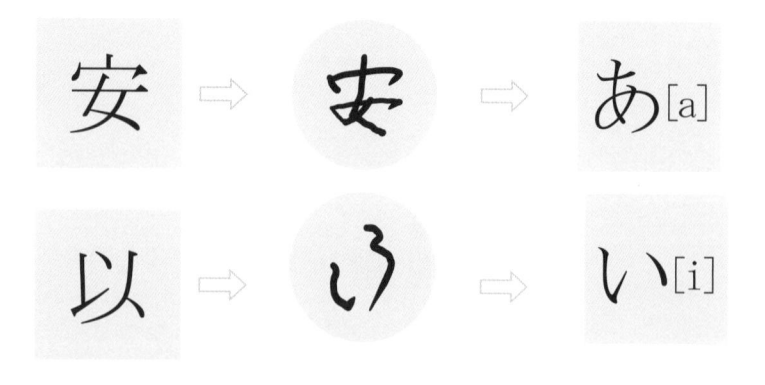

가타카나는 한자의 부나 변, 방 등을 따서 만들었다. 현재는 주로 외래어,
의성어, 의태어 강조 문구에 사용한다.

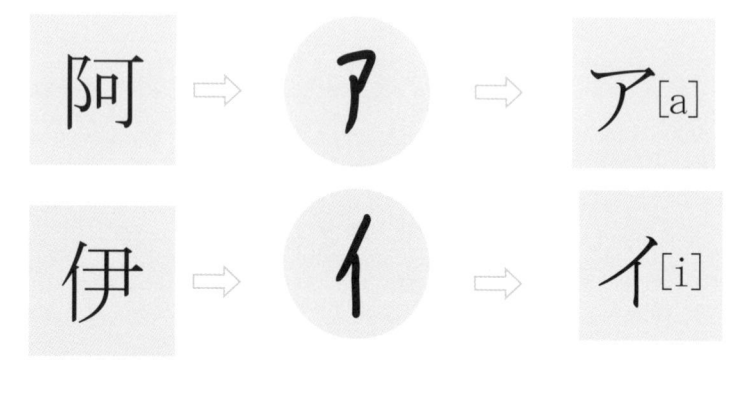

❀ **청음(清音)**

	あ a	い i	う u	え e	お o
あ	あ a	い i	う u	え e	お o
か k	か ka	き ki	く ku	け ke	こ ko
さ s	さ sa	し shi	す su	せ se	そ so
た t	た ta	ち chi	つ tsu	て te	と to
な n	な na	に ni	ぬ nu	ね ne	の no
は h	は ha	ひ hi	ふ fu	へ he	ほ ho
ま m	ま ma	み mi	む mu	め me	も mo
や y	や ya		ゆ yu		よ yo
ら r	ら ra	り ri	る ru	れ re	ろ ro
わ w	わ wa				を o
	ん N				

히라가나와 가타카나 즉, 가나(仮名)는 음절문자로서 보통 50음 이라고 하는데, 현재는 각기 46개의 문자가 사용되고 있다.

일본어 글자 공부에 있어서 행(行)과 단(段)이라는 용어를 볼 수 있다. 행은, あ행부터 わ행까지 있으며, 예를 들어, あ행의 글자는 あ、い、う、え、お를 말한다. 단은 あ단부터 お단까지 있으며, 예를 들어, あ단의 글자는 あ、か、さ、… ら、わ를 말한다.

비슷한 글자

い/り
(i)/(ri)

き/さ
(ki)/(sa)

ね/れ
(ne)/(re)

る/ろ
(ru)/(ro)

お와 を의 차이점

- **お** : おいしい(맛있다), おこのみやき(일본식 빈대떡)
- **を** : 목적격(~을/~를) 조사로만 사용된다.
  "예 ごはんをたべる 밥을 먹다"

일본어의 박자?

가나 문자 1개(요음은 문자2개)는 한 박자 길이로 발음한다.
촉음 「つ」와 발음 「ん」은 한 박 길이로 발음한다.

탁음(濁音)과 반탁음(半濁音)

❀ **탁음(濁音)**

が g	が	ぎ	ぐ	げ	ご
ざ z	ざ	じ	ず	ぜ	ぞ
だ d	だ	ぢ	づ	で	ど
ば b	ば	び	ぶ	べ	ぼ

❀ **반탁음(半濁音)**

ぱ p	ぱ	ぴ	ぷ	ぺ	ぽ

발음이 같은 글자

じ / ぢ 　　 ず / づ
(ji) / (ji) 　　 (zu) / (zu)

요음(拗音)

「い」단의 글자에 「や、ゆ、よ」를 작게 써서 표기한다.
발음은 한박자로 읽는다.

きゃ	きゅ	きょ
ぎゃ	ぎゅ	ぎょ
しゃ	しゅ	しょ
じゃ	じゅ	じょ
ちゃ	ちゅ	ちょ
にゃ	にゅ	にょ
ひゃ	ひゅ	ひょ
びゃ	びゅ	びょ
ぴゃ	ぴゅ	ぴょ
みゃ	みゅ	みょ
りゃ	りゅ	りょ

가타카나(片仮名) 50음도

❀ 청음(清音)

	ア a	イ i	ウ u	エ e	オ o
ア	ア a	イ i	ウ u	エ e	オ o
カ k	カ ka	キ ki	ク ku	ケ ke	コ ko
サ s	サ sa	シ shi	ス su	セ se	ソ so
タ t	タ ta	チ chi	ツ tsu	テ te	ト to
ナ n	ナ na	ニ ni	ヌ nu	ネ ne	ノ no
ハ h	ハ ha	ヒ hi	フ fu	ヘ he	ホ ho
マ m	マ ma	ミ mi	ム mu	メ me	モ mo
ヤ y	ヤ ya		ユ yu		ヨ yo
ラ r	ラ ra	リ ri	ル ru	レ re	ロ ro
ワ w	ワ wa				ヲ o
	ン N				

❀ 탁음(濁音)

ガ g	ガ	ギ	グ	ゲ	ゴ
ザ z	ザ	ジ	ズ	ゼ	ゾ
ダ d	ダ	ヂ	ヅ	デ	ド
バ b	バ	ビ	ブ	ベ	ボ

❀ 반탁음(半濁音)

パ p	パ	ピ	プ	ペ	ポ

비슷한 글자

ソ / ン　　シ / ツ
(so) / (n)　　(si) / (tsu)

キャ	キュ	キョ
ギャ	ギュ	ギョ
シャ	シュ	ショ
ジャ	ジュ	ジョ
チャ	チュ	チョ
ニャ	ニュ	ニョ
ヒャ	ヒュ	ヒョ
ビャ	ビュ	ビョ
ピャ	ピュ	ピョ
ミャ	ミュ	ミョ
リャ	リュ	リョ

촉음, 발음, 장음

① 촉음(促音) 「っ」「ッ」

「っ」「ッ」를 작게 쓰면 한국어의 받침과 같은 역할을 하며, 뒤에 오는 글자 발음의 영향을 받는다. 또한 촉음은 한 박자 길이로 발음한다.

예 いっき ikki   단숨에, 원샷   サッカー sakka: 축구
いっし zassi   잡지   メッセージ messe:ji 메세지
おっと otto   남편   チケット chiketto 티켓
いっぱい ippai 가득   コップ koppu   컵

② 발음(撥音) 「ん」「ン」

「ん」 발음은 「ん」 뒤에 오는 글자 발음의 영향을 받는다. 또한 「ん」은 한 박자 길이로 발음한다.

①[m] (「ㅁ」 발음) : ん뒤에 ま행, ば행, ぱ행

　かんぱい 건배   てんぷら 튀김   コンビニ 편의점

②[n] (「ㄴ」 발음) : ん뒤에 ざ행, た행, だ행, な행, ら행

　かんじ 한자   あんない 안내   べんり 편리

③[ŋ] (「ㅇ」발음) : ん뒤에, か행, が행

　　　かんこく 한국　　　おんがく 음악　　　アンコール 앵콜

④[N], 비모음 : ん뒤에, あ행, は행, や행, わ행, さ행

　　　　　　　또는 단어의 마지막에 올 경우

　　ほんや 서점　　　　でんわ 전화

　　にほん 일본　　　　レストラン 레스토랑

③ 장음(長音)

　일본어의 모음 [あ、い、う、え、お]는 다음과 같은 규칙일 경우, 두 박자로 길게 발음한다. 이러한 발음을 장음이라고 하며, 발음에 주의해야 한다. 가타카나의 경우, [ー]로 표기한다.

あ단+あ　：おばあさん 할머니　　　コンサート 콘서트

い단+い　：おじいさん 할아버지　　　ビール 맥주

う단+う　：せんぷうき 선풍기　　　コンピューター 컴퓨터

え단+え　：おねえさん 언니, 누나　　ゲーム 게임

え단+い　：えいが　　　영화

お단+お　：おおさか　　오사카　　　コーヒー 커피

お단+う　：おとうと　　남동생

일본어의 한자

1) 한자는 한국에서 사용하는 정체자와 달리 일본에서는 획수가 다소 줄어든 신자체를 사용하는 경우가 있다. 단, 현재 중국에서 사용하는 간체자와는 차이가 있다.

예

學／学 : 学校(がっこう : 학교)
藥／薬 : 薬局(やっきょく : 약국)
會／会 : 会社員(かいしゃいん : 회사원)
國／国 : 韓国(かんこく : 한국)

2) 같은 발음의 경우, 한자를 사용하여 의미를 구분한다.
예 かがく　化学(화학) / 科学(과학)

3) 일본어 한자를 읽는 방법은 음독과 훈독으로 나뉜다.
또한 일본어의 한자는 읽는 방법이 다양하다.

예1 「人」　훈독 ひと : 사람　　　　　　음독 じん、にん : 인

かんこくのひと　　（韓国の人 : 한국사람）
かんこくじん　　　（韓国人 : 한국인）

예2 「国」　훈독 くに : 나라　　　　　　음독 こく : 국

くに　　（国 : 나라）　　　　こくご　　（国語 : 국어）

あいさつ (인사)

おはようございます

(아침 / 안녕하세요)

こんにちは

(낮 / 안녕하세요)

こんばんは

(밤 / 안녕하세요)

いってらっしゃい

(잘 다녀오세요)

いってきます

(다녀오겠습니다)

ただいま

(잘 다녀왔습니다)

おかえりなさい

(잘 다녀왔어요?)

いただきます

(잘 먹겠습니다)

ごちそうさまでした

(잘 먹었습니다)

すみません

(미안합니다 /

감사합니다 / 실례합니다)

さようなら

(안녕히 가세요 / 계세요)

おつかれさまでした

(수고했습니다)

ありがとうございます (감사합니다)

どういたしまして (천만에요)

제**2**과

こんにちは、エリカです

학습포인트 ●● 1. 인칭대명사
2. ～です、～ではありません
3. 지시어(こ・そ・あ・ど)
4. 가족

会話

鈴木先生(すずきせんせい)： みなさん、こんにちは。

こちらは留学生(りゅうがくせい)のエリカさんです。

エリカ　　： こんにちは。西村(にしむら)エリカです。

日本(にほん)から来(き)ました。

どうぞ、よろしくお願(ねが)いします。

● ● ●

エリカ　　： はじめまして、エリカです。

よろしくお願(ねが)いします。

ヘジン　　： こちらこそ。私はヘジンです。

よろしくお願(ねが)いします。

エリカ　　： ヘジンさんは、学生(がくせい)ですか。

ヘジン　　： いいえ、学生(がくせい)じゃありません。会社員(かいしゃいん)です。

みなさん	여러분
こんにちは	안녕하세요(점심 인사)
~は	~은/는
こちら	이쪽
留学生 [りゅうがくせい]	유학생
~さん	~씨
~です	~입니다
日本 [にほん]	일본
~から来[き]ました	~에서 왔습니다
どうぞよろしくお願[ねが]いします	아무쪼록 잘 부탁합니다
はじめまして	처음 뵙겠습니다
こちらこそ	저야말로
学生 [がくせい]	학생
~ですか	~입니까?
いいえ	아니요
会社員[かいしゃいん]	회사원

① 인칭대명사

1인칭	私(わたし) (나, 저)、ぼく (나)
2인칭	あなた(당신, 너)
3인칭	彼(かれ) (그)、彼女(かのじょ) (그녀)
부정칭	誰(だれ) (누구)、どなた(誰(だれ)의 존경어)

② ～は～です   ～은/는 ～입니다

- 私(わたし)は学生(がくせい)です。   저는 학생입니다.
- 彼女(かのじょ)は日本人(にほんじん)です。 그녀는 일본인입니다.
- 彼(かれ)は会社員(かいしゃいん)です。   그는 회사원입니다.

③ ～は～では(じゃ)ありません   ～은/는 ～이/가 아닙니다

- 私(わたし)は学生(がくせい)では(じゃ)ありません。   저는 학생이 아닙니다.
- 彼女(かのじょ)は日本人(にほんじん)では(じゃ)ありません。 그녀는 일본인이 아닙니다.
- 彼(かれ)は会社員(かいしゃいん)では(じゃ)ありません。   그는 회사원이 아닙니다.

学生(がくせい) 학생   日本人(にほんじん) 일본인

会社員(かいしゃいん) 회사원   学生(がくせい) 학생

④ ～ですか ～입니까?

- 留 学 生^{りゅうがくせい}ですか。　 － はい、留 学 生^{りゅうがくせい}です。

  유학생입니까?　　 － 네, 유학생입니다.

- 先生^{せんせい}ですか。　 － いいえ、先生^{せんせい}じゃありません。

  선생님입니까?　 － 아니오, 선생님이 아닙니다.

⑤ こ・そ・あ・ど　지시어

	こ	そ	あ	ど
사물	これ (이것)	それ (그것)	あれ (저것)	どれ (어느 것)
명사수식	この (이)	その (그)	あの (저)	どの (어느)
장소	ここ (여기)	そこ (거기)	あそこ (저기)	どこ (어디)
장소/방향	こちら (こっち) (이쪽)	そちら (そっち) (그쪽)	あちら (あっち) (저쪽)	どちら (どっち) (어느 쪽)

- これは本^{ほん}です。　　　 이것은 책입니다.

- 食 堂^{しょくどう}はあそこです。　 식당은 저기입니다.

- あの人^{ひと}は大学生^{だいがくせい}ですか。 저 사람은 대학생입니까?

はい 네　　 いいえ 아니오　　 先生（せんせい）선생님　　 本（ほん）책

食堂（しょくどう）식당　　 人（ひと）사람　　 大学生（だいがくせい）대학생

⑥ 〜の 의, 의 것

- これは私（わたし）のかばんです。　이것은 나의 가방입니다.

- 彼女（かのじょ）は英語（えいご）の先生（せんせい）です。　그녀는 영어 선생님입니다.

- こちらは留学生（りゅうがくせい）のエリカさんです。 이쪽은 유학생 에리카 씨입니다.

- それは誰（だれ）のパソコンですか。　 – 私（わたし）のです。

  그것은 누구 PC입니까?　　　　　　 – 나의 것 입니다.

かばん 가방　　　英語（えいご）영어　　　パソコン PC

7 **가족**

가족에 관한 호칭은 집에서 부를 때와 다른 사람에게 자신의 가족을 소개할
때 구분하여 표현한다.

	나의 가족	상대방의 가족
아버지	父 (ちち)	お父さん (とう)
어머니	母 (はは)	お母さん (かあ)
형/오빠	兄 (あに)	お兄さん (にい)
누나/언니	姉 (あね)	お姉さん (ねえ)
남동생	弟 (おとうと)	弟さん (おとうと)
여동생	妹 (いもうと)	妹さん (いもうと)

- 私の父は会社員です。　나의 아버지는 회사원입니다.
  (わたし ちち かいしゃいん)

- 妹さんは高校生ですか。 ‒ いいえ、妹は大学生です。
  (いもうと こうこうせい いもうと だいがくせい)

  여동생은 고등학생입니까? ‒ 아니오, 여동생은 대학생입니다.

- お母さん、ただいま。 ‒ おかえりなさい。
  (かあ)

  어머니, 다녀왔습니다. ‒ 다녀왔어요?

高校生 (こうこうせい) 고등학생

① 예시와 같이 문장을 완성해 봅시다.

예 A : 彼は韓国人ですか。

B : はい、 ___韓国人です。___

いいえ、 ___韓国人じゃありません。___

① A : 彼女はエンジニアですか。

B : はい、 _____

② A : エリカさんは日本人ですか。

B : はい、 _____

③ A : 弟さんは高校生ですか。

B : いいえ、 _____

④ A : あなたは中国学科ですか。

B : いいえ、 _____

韓国人（かんこくじん）한국인　　　エンジニア 엔지니어

弟（おとうと）남동생　　　中国学科（ちゅうごくがっか）중국학과

② **예와 같이 문장을 완성해 봅시다.**

예 田中<ruby>たなか</ruby>さん 	A：これは誰<ruby>だれ</ruby>の<u>かばん</u>ですか。 B：<u>そのかばんは田中<ruby>たなか</ruby>さんの</u>です。
① エリカさん 	A：これは誰<ruby>だれ</ruby>の_____ですか。 B：_____です。
② 友達 	A：　これは誰<ruby>だれ</ruby>の_____ですか。 B：_____です。
③ 彼 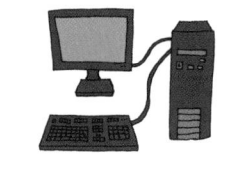	A：あれは誰<ruby>だれ</ruby>の_____ですか。 B：_____です。

ケータイ 휴대폰　友達（ともだち）친구　時計（とけい）시계

③ 문장 내용에 맞는 단어를 ( )안에 넣으세요.

| は | の | じゃありません | 何 |

① Ａ：これは（　　　　　　）ですか。

　　Ｂ：パソコンです。

② Ａ：妹 さんは会社員ですか。

　　Ｂ：いいえ、会社員（　　　　　　　　）。

③ Ａ：このノートは誰（　　　）ですか。

　　Ｂ：私のです。

④ Ａ：お名前（　　　）何ですか。

　　Ｂ：マイケルです。

何（なに・なん）무엇　　　妹（いもうと）여동생　　　ノート 노트
名前（なまえ）이름

① 그림을 보고 친구와 함께 말해 봅시다.

예 エリカ / 会社員^{かいしゃいん}× / 大学生^{だいがくせい}○

A：はじめまして、エリカです。

B：エリカさんは会社員^{かいしゃいん}ですか。

A：いいえ、会社員^{かいしゃいん}じゃありません。
　　大学生^{だいがくせい}です。

①ヘジン /
　留学生^{りゅうがくせい}× / 会社員^{かいしゃいん}○

②マイケル /
　英語^{えいご}の先生^{せんせい}× / エンジニア○

② 자기소개해 봅시다.

はじめまして。＿＿＿＿＿＿＿＿＿＿＿＿＿＿＿＿です。

＿＿＿＿＿＿＿＿＿＿＿＿＿＿＿＿学科^{がっか}です。

よろしくお願^{ねが}いします。

듣기 연습 きいてみよう

1 내용에 맞는 그림을 고르시오.

①  ②  ③

2 내용에 맞는 그림을 고르시오.

①  ②  ③

はじめまして。私の名前はエリカです。

日本人です。大学２年生です。

コンピューター学科です。

どうぞ、よろしくお願いします。

작문연습 かいてみよう

① 나는 미국인입니다.

_____

② 이름은 무엇입니까?

_____

③ 그녀는 회사원입니다.

_____

大学(だいがく) 대학　　**コンピューター** 컴퓨터

アメリカ人 (あめりかじん) 미국인　　**2年生**(にねんせい) 2학년

なまえ

名前

がくせい

学生

アメリカ

ノート

パソコン

제 **3** 과

ワイファイ(Wi-Fi)は
ありますか

학습포인트 ●● 1. あります、います

2. 숫자

회화

ヘジン　　：チェックインをお願^{ねが}いします。

フロント：はい。お名前^{なまえ}をお願^{ねが}いします。

ヘジン　　：イ・ヘジンです。

フロント：イ・ヘジン様^{さま}ですね。

　　　　　お部屋^{へ や}は１０３２号室^{いちぜろさんにごうしつ}です。

　　　　　これはお部屋^{へ や}のカードキーです。

ヘジン　　：部屋^{へ や}は何階^{なんかい}ですか。

フロント：１0階^{じゅっかい}です。

ヘジン　　：ワイファイ(Wi-Fi)はありますか。

フロント：はい。こちらの番号^{ばんごう}です。

　　　　　スタッフはフロントにいます。いつでもどうぞ。

ヘジン　　：ありがとうございます。

チェックイン	체크인
お名前[なまえ]	이름, 성함
お願[ねが]いします	부탁합니다
～様[さま]	～님
お部屋[へや]	방
～号室[ごうしつ]	～호실
カードキー	카드 키
何階[なんかい]	몇 층
番号[ばんごう]	번호
ワイファイ(Wi-Fi)	와이파이
～ありますか	～있습니까?
～います	～있습니다
スタッフ	스탭(직원)
フロント	프런트
～に	～에(장소)
いつでも	언제든지
どうぞ	(본문에서의 의미는) 문의하세요

① ~に~が あります/います ~ (장소)에 ~ 이/가 있습니다

	긍정	부정
사물,식물	あります	ありません
사람,동물	います	いません

- 図書館^{としょかん}があります。　　도서관이 있습니다.
- 弟^{おとうと}がいます。　　　　남동생이 있습니다.
- 教室^{きょうしつ}に学生^{がくせい}がいます。　교실에 학생이 있습니다.

② 위치표현

上^{うえ}	下^{した}	中^{なか}	外^{そと}	前^{まえ}	後ろ^{うし}	隣^{となり}	近く^{ちか}
위	아래	안	밖	앞	뒤	옆	근처

- 机の上^{つくえ うえ}にコンピューターがあります。 책상 위에 컴퓨터가 있습니다.
- ヘジンさんの隣^{となり}にあやかさんがいます。 혜진씨 옆에 아야카씨가 있습니다.
- 駅の中^{えき なか}に自動販売機^{じどうはんばいき}があります。 역 안에 자판기가 있습니다.
- 近く^{ちか}にATMはありますか。 - ATMはありません。

  근처에 ATM은 있습니까? - ATM은 없습니다.

図書館（としょかん）도서관　　授業（じゅぎょう）수업

教室（きょうしつ）교실　　　　ATM 현금인출기

机（つくえ）책상　　　　　　　駅（えき）역

自動販売機（じどうはんばいき）자동판매기

③ 「お~」

듣는 사람과 제3자에 관한 것에 붙여서 경의, 존경을 나타낸다.

예 お名前(이름)、お部屋(방)、お水(물)、お酒(술)、 お金(돈)、
お願いします(부탁합니다)

④ 「~ね」

문장 끝에 붙이는 종조사다. 동의, 감탄, 확인의 의미를 나타낸다.

お部屋は２０８ですね。- はい、そうです。

방은 208이죠? – 네, 그렇습니다.

⑤ どうぞ ~하세요, 그러세요

상대방에게 어떤 일을 권유하거나 할 때 사용한다. 의미는 「~하세
요, 그러세요」 이며, 상황에 맞게 적절하게 해석한다.

권유를 받은 사람은 고맙다는 의미로 「どうも(ありがとうござい
ます)」 라고 표현한다.

いただきます。- どうぞ。　　잘 먹겠습니다. – 많이 드세요.
お水、どうぞ。- どうも。　　물 드세요. – 고마워요.

いただきます 잘 먹겠습니다　　そうです 그렇습니다

6 숫자

1 一 いち	2 二 に	3 三 さん	4 四 よん/ し	5 五 ご	6 六 ろく	7 七 なな/ しち	8 八 はち	9 九 きゅう /く	10 十 じゅう

	十（じゅう）	百（ひゃく）	千（せん）
1 いち	10 じゅう	100 ひゃく	1,000 せん
2 に	20 にじゅう	200 にひゃく	2,000 にせん
3 さん	30 さんじゅう	300 さんびゃく	3,000 さんぜん
4 よん・し	40 よんじゅう	400 よんひゃく	4,000 よんせん
5 ご	50 ごじゅう	500 ごひゃく	5,000 ごせん
6 ろく	60 ろくじゅう	600 ろっぴゃく	6,000 ろくせん
7 なな・しち	70 ななじゅう	700 ななひゃく	7,000 ななせん
8 はち	80 はちじゅう	800 はっぴゃく	8,000 はっせん
9 きゅう・く	90 きゅうじゅう	900 きゅうひゃく	9,000 きゅうせん
10 じゅう	100 ひゃく	1000 せん	10,000 いちまん
0 ぜろ （れい、まる）			

ケータイの番号は、０９０－４５６７－１２３４です。
^{ばんごう} ^{ぜろきゅうぜろ よんごろくなな いちにさんよん}

휴대폰번호는 090-4567-1234입니다.

教室は７２０５です。　교실은7205입니다.
^{きょうしつ ななにぜろ ご}

私は３年生です。　나는 3학년입니다.
^{わたし さんねんせい}

1학년	2학년	3학년	4학년
いちねんせい １年生	にねんせい ２年生	さんねんせい ３年生	よねんせい ４年生

トイレは１階にあります。　화장실은 1층에 있습니다.
^{いっかい}

2階はレストランです。　2층은 레스토랑입니다.
^{にかい}

1층	2층	3층	4층	5층
いっかい １階	にかい ２階	さんがい ３階	よんかい ４階	ごかい ５階

トイレ 화장실　レストラン 레스토랑

1 예시와 같이 문장을 완성해 봅시다.

예 A : ノートが　ありますか。

B : はい、　あります。

① A : 机が _____

B : はい、_____

② A : 先生が _____

B : いいえ、_____

③ A : 椅子が _____

B : いいえ、_____

④ A : 妹 さんが _____

B : はい、_____

椅子 의자

② **예와 같이 문장을 완성해 봅시다.**

<ruby>예</ruby> 大学の前
<small>だいがく　まえ</small>

 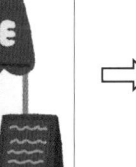

大学の前にカフェがあります。
<small>だいがく　まえ</small>

① かばんの<ruby>中</ruby> <small>なか</small>	② うちの<ruby>近</ruby>く <small>ちか</small>	③ 3<ruby>階</ruby> <small>さんがい</small>	④ <ruby>教室</ruby> <small>きょうしつ</small>

① _____

② _____

③ _____

④ _____

カフェ 카페　　家(いえ、うち) 집　　スーパー 마트, 슈퍼

문장 내용에 맞는 단어를 (   )안에 넣으세요.

| いません | あります | ^{さんがい}3階 | どこ |

① A : エレベーターは (　　　　) ですか。

　 B : そちらです。

② A : 駅の中に、コンビニは (　　　　) か。

　 B : はい。

③ A : 会社はどこですか。

　 B : あの建物の (　　　　) です。

④ A : 家に犬がいますか。

　 B : いいえ、 (　　　　)。

エレベーター 엘리베이터　　**コンビニ** 편의점　　**会社**(かいしゃ) 회사

建物(たてもの) 건물　　**犬**(いぬ) 개

그림을 보고 친구와 함께 말해 봅시다.

例 A : ケータイは、どこにありますか。

B : ベッドの<ruby>上<rt>うえ</rt></ruby>にありますよ。

ケータイ 핸드폰	ベッド 침대	パソコン 노트북
ノート 노트	カメラ 카메라	かさ 우산

그림에 맞으면 ◯, 틀리면 ×를 쓰시오.

4F

3F

2F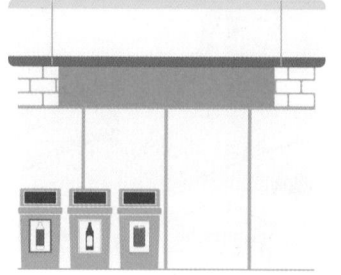

1F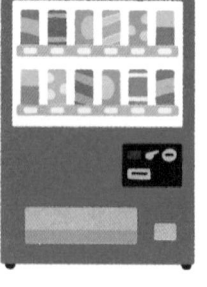

① (   ) ② (   ) ③ (   )

독해연습 よんでみよう

駅の近くに図書館があります。

図書館の中にカフェがあります。

週末は、人がたくさんいます。

작문연습 かいてみよう

① 도서관에 선생님이 있습니다.

_____

② 학교 옆에 슈퍼가 있습니다.

_____

③ 여기에 화장실이 있습니까?

_____

週末(しゅうまつ) 주말　　たくさん 많이

へや

部屋

きょうしつ

教室

チェックイン

スタッフ

トイレ

제4과

何時に学校に来ますか

학습포인트 ●● 1. 동사 ます형
2. 조사
3. 시간 및 요일

会話

ミンジェ：エリカさんは、何時に学校に来ますか。

エリカ　：毎日、8時に学校に来ます。

　　　　　9時から授業があります。

　　　　　ミンジェさんは？

ミンジェ：ぼくも、9時から授業があります。

エリカ　：ミンジェさん、朝ごはんを食べましたか。

ミンジェ：いいえ、朝は時間がありません。

エリカ　：じゃあ、このパン、どうぞ。

ミンジェ：あ！ありがとうございます。

　　　　　ぼくも、あしたから早く起きます。

何時に ［なんじに］	몇 시에
学校 ［がっこう］	학교
来[き]ますか	옵니까?
毎日 ［まいにち］	매일
時[じ]	시
～から	～부터
～も	～도
朝[あさ]ごはん	아침밥
～を	～을/를
食べましたか	먹었습니까?
じゃあ	그럼
朝[あさ]	아침
時間[じかん]	시간
パン	빵
明日 ［あした］	내일
早く[はやく]	빨리
起きる[おきる]	일어나다

① **동사의 유형**

일본어 동사의 기본형은 「う」단으로 끝나며, 동사의 형태에
따라 1그룹동사, 2그룹동사, 3그룹동사 세 가지로 나누어진다.

1그룹

①어미가 「る」로 끝나지 않는 모든 동사

예 会_あう 만나다　　行_いく 가다　　遊_{あそ}ぶ 놀다

②어미가 「る」로 끝나되 바로 앞이 あ단, う단, お단인 경우

예 終_おわる 끝나다　　作_{つく}る 만들다　　乗_のる 타다

예외) 형태상 2그룹이지만, 활용은 1그룹인 동사

帰_{かえ}る 돌아가다　　入_{はい}る 들어가다　등

2그룹

어미가 「る」로 끝나고 바로 앞이 い단, え단인 경우

예 見_みる 보다　　起_おきる 일어나다

食_たべる 먹다　　寝_ねる 자다

3그룹

来_くる 오다　　　する 하다

예 勉強_{べんきょう}する 공부하다

② **동사 ます형**

동사 「ます」형은 「~ㅂ니다/습니다」의 의미를 나타낸다. 「ます」를 접속할때 바꾸는 형태를 ます형이라고 한다.

그룹		원형→ます형으로 바꾸는 방법	동사 예
1 그룹	る로 끝나지 않은 모든 동사		行^いく→行^いきます 가다　갑니다
	る앞이 あ단, う단, お단	う단→い단＋ます	作^{つく}る→作^{つく}ります 만들다 만듭니다
	예외 동사		帰^{かえ}る→帰^{かえ}ります 돌아가다 돌아갑니다
2 그룹	る앞이 い단, え단	る 탈락 ＋ ます	見^みる→見^みます 보다　봅니다
			食^たべる→食^たべます 먹다　먹습니다
3 그룹	来^くる		来^くる→来^きます 오다　옵니다
	する		する→します 하다　합니다

③ **ます형의 활용**

그룹	기본형	현재/미래 긍정형 (~합니다)	현재/미래 부정형 (~하지 않습니다)	과거 긍정형 (~했습니다)	과거 부정형 (~하지 않았습니다)
1	行^いく	行^いきます	行^いきません	行^いきました	行^いきませんでした
2	食^たべる	食^たべます	食^たべません	食^たべました	食^たべませんでした
3	来^くる する	来^きます します	来^きません しません	来^きました しました	来^きませんでした しませんでした

- きょう（あした）、勉強します。 오늘(내일) 공부합니다.

- きょう（あした）、勉強しません。 오늘(내일) 공부하지 않습니다.

- きのう、勉強しました。 어제 공부했습니다.

- きのう、勉強しませんでした。 어제 공부하지 않았습니다.

④ ～を　～를/을

- 朝ごはんを食べます。 아침 밥을 먹습니다.

- コーヒーを飲みます。 커피를 마십니다.

⑤ ～に ～에(장소, 시간, 예외 표현)

- どこに行きますか。－ 学校に行きます。

  어디에 갑니까? － 학교에 갑니다.

- 11時に寝ます。 11시에 잡니다.

- 友達に会います。（○）　/ 友達を会います。（×）

  친구를 만납니다.

- バスに乗ります。（○）　/ バスを乗ります。（×）

  버스를 탑니다.

きょう 오늘　　　　きのう 어제　　　コーヒー 커피　　あした 내일

飲む（のむ）마시다　乗る（のる）타다　どこに 어디에　バス 버스

⑥ 시간 표현

1時	いちじ	7時	しちじ
2時	にじ	8時	はちじ
3時	さんじ	9時	くじ
4時	よじ	10時	じゅうじ
5時	ごじ	11時	じゅういちじ
6時	ろくじ	12時	じゅうにじ
半	はん	何時	なんじ

<ruby>朝<rt>あさ</rt></ruby>、<ruby>何時<rt>なんじ</rt></ruby>に<ruby>起<rt>お</rt></ruby>きますか。　아침에 몇 시에 일어납니까?

<ruby>授業<rt>じゅぎょう</rt></ruby>は9時から<ruby>3時<rt>さんじ</rt></ruby>までです。수업은 9시부터 3시까지입니다.

⑦ 요일

일요일	월요일	화요일	수요일	목요일	금요일	토요일	무슨 요일
<ruby>日曜日<rt>にちようび</rt></ruby>	<ruby>月曜日<rt>げつようび</rt></ruby>	<ruby>火曜日<rt>かようび</rt></ruby>	<ruby>水曜日<rt>すいようび</rt></ruby>	<ruby>木曜日<rt>もくようび</rt></ruby>	<ruby>金曜日<rt>きんようび</rt></ruby>	<ruby>土曜日<rt>どようび</rt></ruby>	<ruby>何曜日<rt>なんようび</rt></ruby>

• <ruby>会社<rt>かいしゃ</rt></ruby>の<ruby>休<rt>やす</rt></ruby>みはいつですか。 – <ruby>日曜日<rt>にちようび</rt></ruby>です。

회사 휴일은 언제입니까?　일요일입니다.

• <ruby>月曜日<rt>げつようび</rt></ruby>から<ruby>金曜日<rt>きんようび</rt></ruby>まで<ruby>授業<rt>じゅぎょう</rt></ruby>があります。

월요일부터 수요일까지 수업이 있습니다.

休み（やすみ）휴일　　いつ 언제　　～から～まで ～부터 ～까지

① 예와 같이 문장을 완성해 봅시다.

예1 映画・見る → 　　　映画を見ます。

① ビール・飲む → _____

② メール・書く → _____

예2 朝ごはん・食べる → 　　　朝ごはんを食べません。

③ 運動・する → _____

④ ユーチューブ(Youtube)・見る

→ _____

예3 本・読む → 　　　本を読みました。

⑤ 水・飲む → _____

⑥ 7時・起きる → _____

예4 友達・会う → 　　　友達に会いませんでした。

⑦ 料理・作る → _____

⑧ バス・乗る → _____

ビール 맥주	飲む（のむ） 마시다	メール 메일
書く（かく） 쓰다	運動（うんどう） 운동	読む（よむ） 읽다
料理（りょうり） 요리	作る（つくる） 만들다	

❷ 예와 같이 문장을 완성해 봅시다.

예1 A : 何時に起きますか。(7時)

B : 7時に起きます。

예2 A : 毎日、朝ごはんを食べますか。

B : はい、食べます。

いいえ、食べません。

① A : 何時に寝ますか。(１１時)

B : _____

② A : 授業は何時に終わりますか。(4時半)

B : _____

③ A : お誕生日のプレゼントを買いますか。

B : はい、_____

いいえ、_____

④ A : きょう、映画を見ましたか。

B : はい、_____

いいえ、_____

プレゼント 선물　　買う(かう) 사다

映画(えいが) 영화　　誕生日(たんじょうび) 생일

③ 문장 내용에 맞는 단어를 ( )안에 넣으세요.

休みましたか	します	に	何時

① A : (　　　　　　) に家に帰りますか。

　 B : ９時に帰ります。

② A : 土曜日、会社を （　　　　　　）。

　 B : いいえ、働きました。

③ A : きのうは何をしましたか。

　 B : 友達 （　　　　） 会いました。

④ A : あした、サッカーをしますか。

　 B : はい、（　　　　　）。

働く（はたらく）일하다, 근무하다

회화연습 はなしてみよう

그림을 보고 친구와 함께 말해 봅시다.

あやかさんの一日 (아야카 씨의 하루)

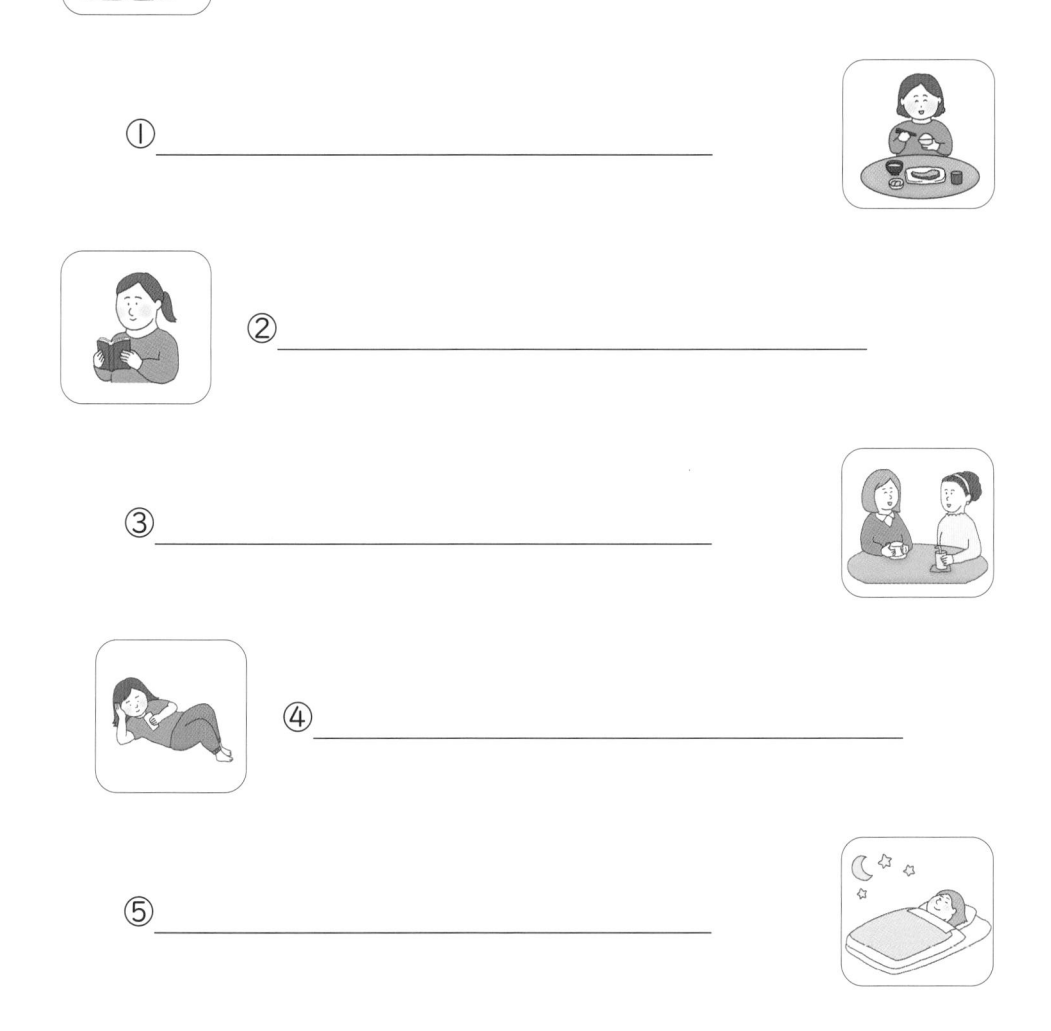

예 7時に起きます。

① _____

② _____

③ _____

④ _____

⑤ _____

내용에 맞는 그림을 고르시오.

①

10時〜5時

土曜日×

②

9時〜5時

月曜日×

③

9時〜5時

月曜日×

독해연습 よんでみよう

きょうは土曜日です。

朝、宿題をしました。 日本語の自己紹介を書きました。

午後、友達に会いました。友達と韓国の映画を見ました。

작문연습 かいてみよう

① 9시부터 5시까지 일합니다.

_____

② 매일 7시에 일어납니다.

_____

③ 일요일은 꽃구경을 했습니다.

_____

宿題（しゅくだい）숙제　　自己紹介（じこしょうかい）자기소개

午後（ごご）오후　　　　〜と 와/ 과　　　　花見（はなみ）꽃구경

じゅぎょう

授業

じかん

時間

メール

プレゼント

コーヒー

제 **5** 과

どれがいいですか

학습포인트 ●● 1. い형용사
2. 가격 표현
3. 조수사

5과 • どれがいいですか

회화

店員
てんいん ： いらっしゃいませ。

エリカ ： わあ、かわいいケーキが多いですね。

ヘジン ： この店
みせは人気
にんきがありますよ。

エリカ ： ひとつ9000ウォン！高
たかいですね。

ヘジン ： すごくおいしいですよ。

エリカさん、どれがいいですか。

エリカ ： じゃあ、チーズケーキにします。

ヘジン ： 私
わたしはチョコケーキにします。

店員
てんいん ： ご注文
ちゅうもんは？

ヘジン ： チーズひとつと、チョコひとつお願
ねがいします。

店員
てんいん ： ありがとうございます。

店員　[てんいん]	점원
いらっしゃいませ	어서 오세요
わあ	와아! (감탄사)
かわいい	귀엽다
ケーキ	케익
多い[おおい]	많다
店[みせ]	가게
人気[にんき]がある	인기가 있다
ひとつ	하나, 한 개
ウォン	원
高い[たかい]	비싸다
すごく	굉장히, 매우
おいしい	맛있다
どれ	어느 것
いい	좋다
チーズ	치즈
チョコ	쵸코
ご注文　[ちゅうもん]	주문

학습포인트

① い형용사

い형용사란 기본형이 い로 끝난 형용사를 말한다.

기본형	긍정	부정
おいしい (맛있다)	おいしいです (맛있습니다)	おいしくないです (おいしくありません) (맛있지 않습니다)

예외

いい　　　　いいです　　　　よくないです
(좋다)　　　　(좋습니다)　　　　(좋지 않습니다)

- この映画はおもしろいです。　　　이 영화는 재미있습니다.

- かばんは高いですか。　　　가방은 비쌉니까?

- きょうは天気がよくないです。　　　오늘은 날씨가 좋지 않습니다.

② い형용사의 명사수식형

- 広い部屋です。　　　넓은 방입니다.

- これは新しいスマホです。　　　이것은 새로운 스마트폰입니다.

- おいしいケーキです。　　　맛있는 케익입니다.

おもしろい 재미있다　　　高い（たかい）비싸다/（빌딩）높다

天気（てんき）날씨　　　広い（ひろい）넓다

新しい（あたらしい）새롭다　　　スマホ 스마트폰의 줄임말

③ **い형용사의 연결형　～고**

い형용사를 나열할 때는 어미 「い」를 「く」로 바꾼 다음 「て」를
붙인다.

- アイスクリームは、あまくて、おいしいです。

  아이스크림은 달고 맛있습니다.

- エリカさんは、やさしくて、かわいいです。

  에리카씨는 상냥하고 예쁩니다.

- 私<ruby>わたし</ruby>のかばんは、大<ruby>おお</ruby>きくて、黒<ruby>くろ</ruby>いです。

  나의 가방은 크고 검습니다.

④ **가격**

- この本<ruby>ほん</ruby>はいくらですか。 - 1800円<ruby>えん</ruby>です。

  이 책은 얼마입니까?　　- 1800엔입니다.

- このTシャツは安<ruby>やす</ruby>いです。990円<ruby>えん</ruby>です。

  이 티셔츠는 쌉니다. 990엔입니다.

⑤ **～にしますか　/　～にします　～으로 합니까? /～으로 합니다**

- 何<ruby>なに</ruby>にしますか。　　 - コーヒーにします。

  무엇으로 합니까?　 - 커피로 합니다.

- どれにしますか。　 - これにします。

  어느 것으로 합니까? -이것으로 합니다.

アイスクリーム 아이스크림	あまい 달다	やさしい 상냥하다
大きい(おおきい) 크다	黒い(くろい) 검다	いくら 얼마
Tシャツ(ティーシャツ) 티셔츠	安い(やすい) 싸다	

조수사

～つ　(～개)

一つ ひとつ	二つ ふたつ	三つ みっつ	四つ よっつ	五つ いつつ	六つ むっつ
七つ ななつ	八つ やっつ	九つ ここのつ	十 とお		いくつ

～人　(～명)

一人 ひとり	二人 ふたり	三人 さんにん	四人 よにん	五人 ごにん	六人 ろくにん
七人 ななにん	八人 はちにん	九人 きゅう にん	十人 じゅう にん	十一人 じゅうい ちにん	何人 なんにん

～枚　(～장) (～셔츠, 종이, 접시, CD…)

一枚 いちまい	二枚 にまい	三枚 さんまい	四枚 よんまい	五枚 ごまい	六枚 ろくまい
七枚 ななまい	八枚 はちまい	九枚 きゅう まい	十枚 じゅう まい	十一枚 じゅうい ちまい	何枚 なんまい

- 教室に机が五つあります。　　　교실에 책상이 다섯 개 있습니다.

- チケットは、１枚600円です。　　티켓은 한장에 600엔입니다.

- いらっしゃいませ。お一人ですか。－ ふたりです。

  어서 오세요. 한사람입니까? － 두 사람입니다.

 チケット 티켓

1 예와 같이 문장을 완성해 봅시다.

예 A：きょうは暑いですか。

B：はい、暑いです。

いいえ、暑くないです。

① A：日本語は難しいですか。

B：はい、＿＿＿＿＿＿＿＿＿＿＿＿＿＿＿

いいえ、＿＿＿＿＿＿＿＿＿＿＿＿＿＿＿

② A：ねこはかわいいですか。

B：はい、＿＿＿＿＿＿＿＿＿＿＿＿＿＿＿

いいえ、＿＿＿＿＿＿＿＿＿＿＿＿＿＿＿

③ 家は大学から遠いですか。

A：はい、＿＿＿＿＿＿＿＿＿＿＿＿＿＿＿

B：いいえ、＿＿＿＿＿＿＿＿＿＿＿＿＿＿

④ ラーメンはおいしいですか。

A：はい、＿＿＿＿＿＿＿＿＿＿＿＿＿＿＿

B：いいえ、＿＿＿＿＿＿＿＿＿＿＿＿＿＿

暑い（あつい）덥다　　　難しい（むずかしい）어렵다

遠い（とおい）멀다　　　ラーメン 라면　　　　　ねこ 고양이

② 예와 같이 문장을 완성해 봅시다.

예 エリカさんは、どの人ですか。

→（かわいい、背が高い）

かわいくて、背が高い人です。

① 北海道は、どんなところですか。

→（雪が多い、食べ物がおいしい）

_____ ところです。

② どんなアパートですか。

→（駅から近い、部屋が広い）

_____ アパートです。

③ 留学生活は、どうですか。

→（みんなやさしい、楽しい）

_____ です。

せが高（たか）い 키가 크다　　北海道（ほっかいどう）홋카이도

どんな 어떤　　ところ 곳　　雪（ゆき）눈　　食べ物（たべもの）음식

近い（ちかい）가깝다　　アパート 아파트　　生活（せいかつ）생활

みんな 모두　　楽しい（たのしい）즐겁다

③ 문장 내용에 맞는 단어를 ( )에 넣으세요.

ところ	高<ruby>高<rt>たか</rt></ruby>くないです	どうですか	いくら

① A：この<ruby>雑誌<rt>ざっし</rt></ruby>は（　　　　　　）ですか。

　　B：1300円です。

② A：<ruby>友達<rt>ともだち</rt></ruby>は、<ruby>背<rt>せ</rt></ruby>が<ruby>高<rt>たか</rt></ruby>いですか。

　　B：いいえ、（　　　　　　　　　　　）

③ A：<ruby>東京<rt>とうきょう</rt></ruby>はどんな（　　　　　　）ですか

　　B：<ruby>人<rt>ひと</rt></ruby>が<ruby>多<rt>おお</rt></ruby>くて、<ruby>物価<rt>ぶっか</rt></ruby>が<ruby>高<rt>たか</rt></ruby>いです。

④ A：<ruby>新<rt>あたら</rt></ruby>しいスマホは（　　　　　　）。

　　B：すごくいいですよ。

雑誌（ざっし）잡지　　東京（とうきょう）동경　　物価（ぶっか）물가

친구와 같이 이야기해 봅시다.

예

A : (ラーメン一つ)お願<small>ねが</small>いします。

B : はい。(750) 円です。

ひとつ 750円

① ひとつ 400円

② ひとつ 80円

③ ひとつ 120円

① A : ＿＿＿＿＿＿＿＿お願<small>ねが</small>いします。

B : はい。＿＿＿＿＿＿＿＿円<small>えん</small>です。

② A : ＿＿＿＿＿＿＿＿＿お願<small>ねが</small>いします。

B : はい。＿＿＿＿＿＿＿＿＿円<small>えん</small>です。

③ A : ＿＿＿＿＿＿＿＿＿お願<small>ねが</small>いします。

B : はい。＿＿＿＿＿＿＿＿＿円<small>えん</small>です。

① 내용에 맞는 그림을 고르시오.

민재 씨 가방은 어느 것일까요?

①

②

③

￥1500

￥50,000

￥20,000

② 내용에 맞는 그림을 고르시오.

에리카 씨는 무엇을 주문했을까요?

①

②

③

독해연습 よんでみよう

私の大学は池袋にあります。池袋は食べ物が安くて、学生が
多いです。大学の近くには、かわいいカフェや本屋があります。
よく友達といっしょに行きます。

작문연습 かいてみよう

① 오늘은 날씨가 좋습니다.

_____

② 일본어 시험은 어렵습니까? - 어렵지 않습니다.

_____

③ 아야카씨는 항상 바쁜 사람입니다.

_____

池袋(いけぶくろ) 이케부쿠로 (도쿄의 지역 이름)　　~や ~이나

よく 자주　　　　　　いっしょに 함께

試験（しけん）시험　いつも 항상　　　忙しい（いそがしい）바쁘다

てんき

天気

みせ

店

ラーメン

スマホ

アパート

제6과

どんな音楽が好きですか

학습포인트 ●● 1. な形容詞
2. ～が好きだ／嫌いだ
　　～が上手だ／下手だ
3. どんな 명사

6과 • どんな音楽が好きですか

회화

ミンジェ： <ruby>鈴木先生<rt>すずきせんせい</rt></ruby>は、どんな<ruby>音楽<rt>おんがく</rt></ruby>が<ruby>好<rt>す</rt></ruby>きですか。

<ruby>鈴木先生<rt>すずきせんせい</rt></ruby>： <ruby>私<rt>わたし</rt></ruby>はクラシックが<ruby>好<rt>す</rt></ruby>きです。

　　　　　 ミンジェさんは？

ミンジェ： ぼくはロックが<ruby>好<rt>す</rt></ruby>きです。

鈴木先生： へえ～！ ロックは<ruby>全然<rt>ぜんぜん</rt></ruby>わかりません。

ミンジェ： ロックはおもしろいですよ。

　　　　　 ストレス<ruby>解消<rt>かいしょう</rt></ruby>にいいです。

鈴木先生： そうですか。

　　　　　 <ruby>好<rt>す</rt></ruby>きな<ruby>歌手<rt>かしゅ</rt></ruby>は<ruby>誰<rt>だれ</rt></ruby>ですか。

ミンジェ： クィーンです。

鈴木先生： ああ、クィーンは<ruby>有名<rt>ゆうめい</rt></ruby>で、かっこいいですね。

どんな	어떤
音楽 ［おんがく］	음악
好きだ ［すきだ］	좋아하다
クラシック	클래식
ロック	록
全然 ［ぜんぜん］	전혀
わかりません	모릅니다
ストレス	스트레스
解消 ［かいしょう］	해소
歌手 ［かしゅ］	가수
クイーン	퀸
有名だ[ゆうめいだ]	유명하다
かっこいい	멋지다

1 な형용사

な형용사는 사전형은 ~だ의 형태로 표기하지 않지만, 편의상 어미 だ가 붙은 형태를 기본형으로 부르기로 한다.

기본형	긍정	부정
有名だ （유명하다）	有名です （유명합니다）	有名ではありません （有名じゃないです） （유명하지 않습니다）

- 田中さんは元気です。　　타나카 씨는 건강합니다.
- 花はきれいです。　　꽃은 예쁩니다.
- 交通は便利ではありません。　교통은 편리하지 않습니다.

2 な형용사의 명사수식형

な형용사는 어미 「だ」를 삭제한 다음 「な」를 붙여서 명사를 수식한다.

- きれいな花です。　　예쁜 꽃입니다.
- それは簡単な試験です。　그것은 간단한 시험입니다.
- ここは有名な店ですか。　여기는 유명한 가게입니까?

元気だ（げんきだ）건강하다　　きれいだ 예쁘다, 깨끗하다
交通（こうつう）교통　　便利だ（べんりだ）편리하다
簡単だ（かんたんだ）간단하다

③ **な형용사의 연결형　～(하)고**

な형용사를 나열할 때는 어미 「だ」를 삭제한 다음 「で」를 붙인다.

- 友達は、元気でまじめです。　　친구는 건강하고 성실합니다.
- このホテルは、きれいで広いです。이 호텔은 깨끗하고 넓습니다.
- 東京は、にぎやかで人が多いです。동경은 번화하고 사람이 많습니다.

④ **～が　好きだ／嫌いだ、上手だ／下手だ**

(～을/를 좋아하다, 싫어하다, 잘 하다, 못 하다)

- 私はラーメンが好きです。　　나는 라면을 좋아합니다.
- 私は納豆が嫌いです。　　　　나는 낫토를 싫어합니다.
- 彼女は歌が上手です。　　　　그녀는 노래를 잘합니다.
- 彼は英語が下手です。　　　　그는 영어를 못합니다.

⑤ **どんな＋명사　어떤～**

- アメリカは、どんな国ですか。　미국은 어떤 나라입니까?
- それは、どんな料理ですか。　그것은 어떤 요리입니까?

まじめだ 성실하다　　　にぎやかだ 번화하다　　　国 (くに) 나라

納豆 (なっとう) 낫토　　　歌 (うた) 노래　　　料理 (りょうり) 요리

① 예와 같이 문장을 완성해 봅시다.

예 A : 店の<ruby>店<rt>みせ</rt></ruby>の<ruby>人<rt>ひと</rt></ruby>は、<ruby>親切<rt>しんせつ</rt></ruby>ですか。

B : はい、<u>親切です</u>。

いいえ、<u>親切ではありません</u>。

① A : <ruby>景色<rt>けしき</rt></ruby>は、きれいですか。

B : はい、_____

いいえ、_____

② A : <ruby>彼<rt>かれ</rt></ruby>は、まじめですか。

B : はい、_____

いいえ、_____

③ A : そこは、にぎやかな<ruby>町<rt>まち</rt></ruby>ですか。

B : はい、_____

いいえ、_____

親切（しんせつ）だ 친절하다　　　景色（けしき）경치　　　町（まち）거리

② 예와 같이 문장을 완성해 봅시다.

예 マイケルさんは、どんな人<ruby>人<rt>ひと</rt></ruby>ですか。

<ruby>親切<rt>しんせつ</rt></ruby>だ、<ruby>優<rt>やさ</rt></ruby>しい

→ <ruby>親切<rt>しんせつ</rt></ruby>で<ruby>優<rt>やさ</rt></ruby>しいです。

① エリカさんの<ruby>大学<rt>だいがく</rt></ruby>は、どんなところですか。

<ruby>有名<rt>ゆうめい</rt></ruby>だ、きれいだ

→ _____

② <ruby>新<rt>あたら</rt></ruby>しい<ruby>仕事<rt>しごと</rt></ruby>は、どうですか。

<ruby>大変<rt>たいへん</rt></ruby>だ、いそがしい

→ _____

③ <ruby>図書館<rt>としょかん</rt></ruby>は、どうですか。

<ruby>静<rt>しず</rt></ruby>かだ、<ruby>広<rt>ひろ</rt></ruby>い

→ _____

仕事（しごと） 일, 직업 　　　**大変（たいへん）だ** 힘들다
静（しず）かだ 조용하다

③ 문장 내용에 맞는 단어를 ( )에 넣으세요.

きれいで	便利です	が	どんな

① A：彼は（　　　　　）人ですか。

　　B： ハンサムで、やさしい人です。

② A：エリカさん、そのかばん、（　　　　）いいですね。

　　B：昨日、デパートで買いました。

③ A：佐藤さんは、料理（　　　　）上手ですか。

　　B：あまり上手ではありません。

④ A：日本の交通は、どうですか。

　　B：とても（　　　　）。

デパート 백화점　　　ハンサムだ 잘생겼다　　　あまり 그다지, 별로

친구와 함께 이야기해봅시다.

예 映画えいが   A : エリカさんは、どんな映画えいがが好きですか。

B : 私わたしは、アクションが好すきです。

① 映画えいが(영화)

アクション(액션)
SF
歴史(れきし)(역사)
etc···

② 音楽おんがく(음악)

K-POP
J-POP
ロック(락)
バラード(발라드)
etc···

④ アニメ(애니메이션)

「となりのトトロ」
「ワンピース」
「ポケモン」
etc···

③ 料理りょうり(요리)

日本料理にほんりょうり
中国ちゅうごく(중국)料理りょうり
イタリア(이탈리아)料理りょうり

etc···

대화 내용을 듣고 맞으면 ○, 틀리면 ×를 쓰세요.

① (　　　　　)　　② (　　　　　)　　③ (　　　　　)

④ (　　　　　)　　⑤ (　　　　　)　　③ (　　　　　)

私はスポーツが好きです。毎日運動しますから、とても元気です。

特にサッカーが大好きです。日曜日にはサッカーの試合があります。

とても楽しみです。

작문연습 かいてみよう

① 나는 초밥을 좋아합니다.

_____

② 선생님은 유명한 사람입니다.

_____

③ 도서관은 조용하고 넓습니다.

_____

スポーツ 스포츠	運動（うんどう）운동
大好きだ（だいすき）だ 아주 좋아하다	試合（しあい）시합
特に（とくに）특히	楽しみ（たのしみ）즐거움, 기대

ゆうめい

有名

しごと

仕事

ストレス

テスト

ハンサム

제 **7** 과

カラオケに行きませんか

학습포인트 ●● 1. ～ませんか
　　　　　　 2. ～ましょう
　　　　　　 3. ます형 に 行きます
　　　　　　 4. ～たいです
　　　　　　 5. ～から

회화

ヘジン　：もしもし、エリカさん、ヘジンです。

エリカ　：ヘジンさん、こんにちは。

ヘジン　：きょうかあした、カラオケに行_いきませんか。

エリカ　：きょうは、カフェでバイトをしますから、

　　　　　　ちょっと・・・。あしたはどうですか。

ヘジン　：いいですよ。あしたにしましょう。

エリカ　：うれしい！　私_{わたし}はK-POPが歌_{うた}いたいです。

ヘジン　：それじゃあ、学校_{がっこう}の近_{ちか}くのカラオケにしましょう。

エリカ　：はい、わかりました。

ヘジン　：また明日_{あした}、電話_{でんわ}しますね。

もしもし	여보세요
カラオケ	노래방
～か	A명사+**か**+B명사 : A 아니면 B
ちょっと	좀
バイト（アルバイト）	아르바이트
どうですか	어떻습니까?
歌う[うたう]	부르다
わかる	알다
うれしい	기쁘다
また	또

① **동사의 ます형 + ませんか　～하지 않겠습니까?**

상대방의 의향을 물어볼 때 사용한다.

- 映画を見ませんか。　　　　　영화를 보지 않겠습니까?
- 昼ごはんを食べませんか。　　점심을 먹지 않겠습니까?
- カラオケに行きませんか。　　노래방에 가지 않겠습니까?

② **동사의 ます형 + ましょう　～합시다**

상대방에게 하자고 권유할 때 사용한다.

- タクシーに乗りましょう。　　　택시를 탑시다.
- いっしょに勉強しましょう。　　함께 공부합시다.
- コーヒーでも飲みましょうか。　커피라도 마실까요?

③ **ます형 + に　行きます / 来ます　～하러 갑니다 / ～하러 옵니다**

- お弁当を買いに行きます。　　도시락을 사러 갑니다.
- 図書館に勉強しに行きませんか。

　　도서관에 공부하러 가지 않겠습니까?

- 韓国に遊びに来ませんか。　　한국에 놀러 오지 않겠습니까?

昼(ひる)ごはん 점심　　いっしょに 함께　　　でも ～라도

タクシー 택시　　　　お弁当（おべんとう）도시락

④ **〜が(を) 〜 たいです　〜을/를 〜하고 싶습니다**

동사의 「ます형 + たいです」는 희망표현을 나타낸다.

- ジュースが(を)飲みたいです。　쥬스를 마시고 싶습니다.

- 映画が(を)見たいです。　영화를 보고 싶습니다.

- 早く家に帰りたいです。　빨리 집에 돌아가고 싶습니다.

⑤ **정중체 + から　〜기 때문에**

- 料理が好きですから、毎日作ります。

  요리를 좋아하기 때문에 매일 만듭니다.

- きょうは宿題をしますから、忙しいです。

  오늘은 숙제를 하기 때문에 바쁩니다.

- おなかがすきましたから、ご飯を食べましょう。

  배가 고프기 때문에 밥을 먹읍시다.

⑥ **〜で　〜에서(장소), 〜로/으로(수단, 도구)**

- 週末は家で休みます。　주말은 집에서 쉽니다.

- 家から学校までバスで行きます。 집에서 학교까지 버스로 갑니다.

- ボールペンで書きます。　볼펜으로 씁니다.

ジュース 쥬스

おなかがすく 배가 고프다　　ボールペン 볼펜

1 예와 같이 문장을 완성해 봅시다.

예 A : 海に　<u>行きませんか。</u>　(行く)

B : いいですね。　<u>行きましょう。</u>

① A : 映画を _____ (見る)

B : いいですね。_____

② A : サッカーを_____ (する)

B : いいですね。_____

③ A : 英語を_____ (習う)

B : いいですね。

④ A : エリカさんの誕生日プレゼントを_____

(買いに行く)

B : いいですね。

海(うみ) 바다　　　習う(ならう) 배우다

② **예와 같이 문장을 완성해 봅시다.**

예 A：夏休みはどこに ___行きたいですか。___ （行く）

B：山に 行きたいです。

① A：何が_____ （飲む）

B：お茶が_____

② A：何の仕事が_____ （する）

B：コンピューターの仕事が_____

③ A：何が_____ （買う）

B：赤いかばんが_____

④ A：どんな食べ物が_____ （食べる）

B：日本料理が_____

山（やま）산　　　お茶（おちゃ）차

3 문장 내용에 맞는 단어를 ( )안에 넣으세요.

から　　　食べ　　　いっしょに　　　行きましょう

① A : ミンジェさん、ラーメンを（　　　　　　）に行きませんか。

　　B : いいですね。

② A : カラオケに（　　　　　　　）。

　　B : そうしましょう。

③ A : あした、ひまです（　　　　　　）遊びましょう。

　　B : いいですね。

④ A : （　　　　　　　）レポートを書きませんか。

　　B : そうですね。書きましょう。

レポート 레포트

회화연습 はなしてみよう

친구와 함께 말해봅시다.

예 (방학이 되면….)

A : ゆうきくんは、<ruby>何<rt>なに</rt></ruby>がしたいですか。
B : <ruby>私<rt>わたし</rt></ruby>は　<ruby>旅行<rt>りょこう</rt></ruby>したいです。

예 방학이 되면…

예) <ruby>旅行<rt>りょこう</rt></ruby>する

① 일본에 가면…

예) ラーメンを<ruby>食<rt>た</rt></ruby>べる

② 300만원 있으면…

④ 취직하면….

예) <ruby>家<rt>いえ</rt></ruby>を<ruby>買<rt>か</rt></ruby>う

예) パソコンを<ruby>買<rt>か</rt></ruby>う

③ 수업이 끝나면…

예) <ruby>友達<rt>ともだち</rt></ruby>と<ruby>遊<rt>あそ</rt></ruby>ぶ

내용에 맞는 그림을 고르시오.

① 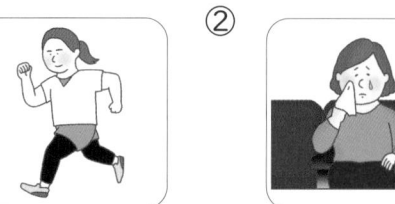 ②  ③

독해연습 よんでみよう

私はエンジニアです。

月曜日から金曜日まで働きます。毎日、とても忙しいです。

週末は、家でゆっくり休みたいです。

작문연습 かいてみよう

① 여름 방학에 여행 가고 싶습니다.

_____

② 함께 커피를 마시지 않겠습니까?

_____

③ 날씨가 좋으니까 걸읍시다.

_____

ゆっくり 푹(쉬다)/천천히　　**歩く(あるく)** 걷다

でんわ

電話

べんきょう

勉強

カラオケ

レポート

タクシー

제 **8** 과

趣味はゲームをすることです

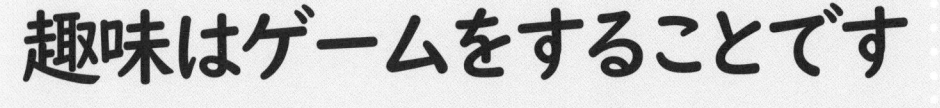

학습포인트 ●● 1. 동사 사전형 ことです
2. 동사 사전형 ことができます
3. 〜ために

8과 • 趣味はゲームをすることです

회화

ミンジェ：ゆうきくん、新しいスマホを買いましたか。

ゆうき　：はい、これです。

ミンジェ：わあ、かっこいいですね。

ゆうき　：とても便利ですよ。毎日、ゲームをします。

ミンジェ：ゆうきくんは、ゲームが好きですか。

ゆうき　：大好きです。趣味はゲームをすることです。

ミンジェ：へえ〜。ぼくの趣味は、運転することです。

　　　　　よく、ドライブに行きますよ。

ゆうき　：いいですね。ぼくは、まだ免許がありません。

ミンジェ：そうですか。

ゆうき　：就職のために、今年は免許をとることが
　　　　　目標です。

ミンジェ：ファイトです！
　　　　　来年はいっしょにドライブしましょう。

趣味[しゅみ]	취미
運転[うんてん]	운전
大好きだ[だいすきだ]	아주 좋아하다
へえ〜	와〜（감탄사）
免許[めんきょ]　をとる	면허를 취득하다
よく	자주
ドライブ	드라이브
就職[しゅうしょく]	취직
目標[もくひょう]	목표
ファイト	화이팅

① **동사의 사전형 ＋ことです ～하는 것입니다.**

- 趣味は歌を歌うことです.　　취미는 노래를 부르는 것입니다.
- 趣味は映画を見ることです.　취미는 영화를 보는 것입니다
- 目標は運転免許をとることです.

  목표는 운전면허를 취득하는 것입니다.

② **동사의 사전형＋こと(の)が 好きです　～하는 것을 좋아합니다**

「こと」대신에「の」를 사용할 수 있다.

- 音楽を聞くこと(の)が好きです. 음악을 듣는 것을 좋아합니다.
- アニメを見ること(の)が好きです. 애니메이션을 보는 것을 좋아합니다.
- SNSをすること(の)が好きです. SNS를 하는 것을 좋아합니다.

③ **명사 が できます/ 동사 사전형 ＋ことが できます ～을 수 있습니다**

「できます」의 목적어는 「が」로 표시하며, 가능한 일의 내용은 명사 혹은 동사 사전형＋こと로 나타낸다. 명사가 오는 경우는, 명사 자체에 동작이 포함된 명사(동작동사)가 사용된다.

예 食事、運転、日本語、ピアノ、買い物　等

私は運転ができます.（＝私は運転することができます.）

聞く (きく) 듣다　　アニメ 애니메이션의 줄임말　　買い物 (かいもの) 쇼핑

그 이외는 동사의 사전형에 「こと」를 접속하여 활용한다.

マイケルさんは漢字を読むことができます。

마이클씨는 한자를 읽을 수 있습니다.

私は、泳ぐことができません。　나는 헤엄칠 수 없습니다.

④ ～ために　～하기 위해서

명사 ＋のために / 동사 사전형 ＋ ために

- 健康のために、ジムに行きます。건강을 위해서 헬스장에 갑니다.
- 卒業するために、英語の勉強をします。

  졸업하기 위해서 영어 공부를 합니다.

⑤ 때를 나타내는 표현

先週	지난주	今週	이번주	来週	다음주

先月	지난달	今月	이번달	来月	다음달

去年	작년	今年	올해	来年	내년

- 先週、友達が来ました。　지난주 친구가 왔습니다.
- 来年、イタリアに行きます。　내년에 이탈리아에 갑니다.

健康（けんこう）건강　　卒業（そつぎょう）졸업

漢字（かんじ）한자　　イタリア 이탈리아

① 예와 같이 문장을 완성해 봅시다.

예 Ⅰ) A : 趣味は何ですか。（ピアノをひく）

B : <u>ピアノをひく</u>ことです。

① A : 趣味は何ですか。（写真をとる）

B : _____ことです。

② A : 趣味は何ですか。（ゲームをする）

B : _____ことです。

③ 今年の目標は何ですか。（英会話を習う）

B : _____ことです。

④ 来年の目標は何ですか。（海外旅行をする）

B : _____ことです。

ピアノをひく 피아노를 치다　　写真（しゃしん）をとる 사진을 찍다

英会話（えいかいわ）영어회화　　海外旅行（かいがいりょこう）해외여행

예와 같이 문장을 완성해 봅시다.

예 1) A：何_{なに}ができますか。（運転_{うんてん}をする）

B：<u>運転_{うんてん}すること</u>ができます。

① A：何_{なに}ができますか。（漢字_{かんじ}を読_よむ）

B：＿＿＿＿＿＿＿＿＿＿＿＿＿ができます。

② A：何_{なに}ができますか。（カタカナを書_かく）

B：＿＿＿＿＿＿＿＿＿＿＿＿＿ができます。

③ A：お母_{かあ}さんは 何_{なに}ができますか。（イタリア料理_{りょうり}を作_{つく}る）

B：＿＿＿＿＿＿＿＿＿＿＿＿＿ができます。

④ A：お兄_{にい}さんは 何_{なに}ができますか。（日本語_{にほんご}で話_{はな}す）

B：＿＿＿＿＿＿＿＿＿＿＿＿＿ができます。

③ 문장 내용에 맞는 단어를 ( )에 넣으세요.

書(か)く　　　　どうですか　　　　予約(よやく)　　　　ために

① A : 土曜日(どようび)の夜(よる)、さくらレストランで食事(しょくじ)しましょう。

　　B :　さくらレストランは有名(ゆうめい)ですね。

　　　　（　　　　　　　　　）ができましたか。

② A : ダイエットの（　　　　　　　）何(なに)をしますか。

　　B : 毎日(まいにち)、運動(うんどう)をします。

③ A : あしたの天気(てんき)は（　　　　　　　　）？

　　B : 雨(あめ)です。

④ A : レポートを英語(えいご)で（　　　　　）ことができますか。

　　B : いいえ、できません。

夜（よる）저녁, 밤　　　　雨（あめ）비

회화연습 はなしてみよう

친구와 함께 이야기해 봅시다.

내가 좋아하는 것

私は、写真を撮るのが好きです。

내가 싫어하는 것

私は、本を読むのがきらいです。

내가 좋아하는 것

예

私は、_____

내가 싫어하는 것

예

私は、_____

듣기 연습 きいてみよう

내용에 맞지 않는 그림을 고르시오.

①  ②  ③

私は四年生です。今年の冬休みの目標は、日本語の資格をとることです。卒業して、日本に留学したいです。私は日本のアニメに興味があります。それで、日本ではアニメの勉強をするつもりです。

작문연습 かいてみよう

① 나는 일본어를 쓸 수가 있습니다.

_____

② 나는 운전을 할 수가 있습니다.

_____

③ 나의 취미는 음악을 듣는 것입니다.

_____

冬休み(ふゆやすみ) 겨울방학
留学(りゅうがく) 유학　　**興味(きょうみ)** 흥미, 관심
それで 그래서　　**~つもり** : ~할 예정

しゅみ

趣味

もくひょう

目標

ピアノ

レストラン

アニメ

제**9**과

アルバイトをしています

학습포인트 ●● 1. 동사 て형
2. ～て、
3. ～ています
4. ～てください

회화

ヘジン： 授業の後、いつも何をしていますか。

ゆうき： 週 3回、アルバイトをしています。

ヘジン： そうですか。すごい。

ゆうき： アルバイトをして、新しいパソコンを
買いたいです。

ヘジンさんもアルバイトをしていますか。

ヘジン： いいえ、授業の後は、ジムで運動しています。

ゆうき： へえ〜、運動ですか。

ヘジン： ゆうきくんも、いっしょにジムに行きませんか。

ゆうき： え！ぼく、運動は苦手だなあ・・・。

ヘジン： ゆうきくんも、健康のために運動してくださいね。

後[あと]	〜 후, 〜뒤
週3 回 [しゅうさんかい]	주3회
すごい	굉장하다
へえ	와!
ジム	헬스장 (gymnasium의 줄임말)
苦手[にがて]	능숙하지 못하다
〜なあ	〜 다 / 〜 구나 (혼잣말로 감탄, 소망, 느낌 등을 나타낸다)
健康[けんこう]	건강
〜てください	〜해 주세요

① **동사의 て형을 만드는 방법**

동사의 て형은 동사에 て를 붙여서 「~(하)고, ~(해)서」의 의미를 나타낸다.

	어미의종류	규칙	사전형	て형
1그룹	う、つ、る	う つ → って る	買う 사다	買って
			待つ 기다리다	待って
			帰る 돌아가다	帰って
	く、ぐ	く → いて ぐ → いで	書く 쓰다	書いて
			泳ぐ 수영하다	泳いで
		*예외 行く 가다 → 行って		
	ぬ、む、ぶ	ぬ む → んで ぶ	死ぬ 죽다	死んで
			飲む 마시다	飲んで
			遊ぶ 놀다	遊んで
	す	す → して	話す 말하다	話して
2그룹	る	る → て	見る 보다	見て
			寝る 자다	寝て
3그룹		불규칙활용	来る 오다	来て
			する 하다	して

② **동사 + て　～고(하고)**

연속적으로 일어나는 2개 이상의 동작을 동사て형으로 연결한다.

- 夜はニュースを見て、寝ます。　저녁에는 뉴스를 보고 잡니다.
- 朝、起きて、シャワーをします。　아침에 일어나서 샤워를 합니다.
- 地下鉄に乗って、空港に行きました。지하철을 타고 공항에 갔습니다.

③ **동사て형 + います　～하고 있습니다**

- 今、朝ご飯を食べています。　지금 아침밥을 먹고 있습니다. (진행)
- 毎朝、牛乳を飲んでいます。　매일 아침 우유를 마십니다. (습관)

④ **동사て형 + ください　～해 주세요**

- ここに住所を書いてください。　여기에 주소를 써 주세요.
- このパソコンを使ってください。　이 PC를 사용해 주세요.

ニュース 뉴스　　　シャワー 샤워　　地下鉄(ちかてつ) 지하철
空港(くうこう) 공항　　毎朝(まいあさ) 매일 아침

1 예와 같이 문장을 완성해 봅시다.

예 A：きのうの夜、何をしましたか。（メールを書く・早く寝る）

B：メールを書いて、早く寝ました。

① A：あしたは何をしますか。（ソウルに行く・買い物をする）

B：_____

② A：日曜日は何をしますか。（図書館に行く・本を読む）

B：_____

③ A：きのうは何をしましたか。（友達に会う・カラオケに行く）

B：_____

④ A：授業の後、何をしましたか。（バイトをする・家に帰る）

B：_____

② 예와 같이 문장을 완성해 봅시다.

> 예 A：毎日、勉強していますか。（勉強する）
>
> B：はい、勉強しています。
>
> いいえ、毎日は勉強していません。

① A：自分で＿＿＿＿＿＿＿＿＿＿＿＿＿＿＿（ごはんを作る）

　 B：はい、毎日＿＿＿＿＿＿＿＿＿＿＿＿＿

② A：ジムで＿＿＿＿＿＿＿＿＿＿＿＿＿＿＿（運動する）

　 B：いいえ、＿＿＿＿＿＿＿＿＿＿＿＿＿

③ A：毎日、＿＿＿＿＿＿＿＿＿＿＿＿＿＿＿（家族と話す）

　 B：いいえ、＿＿＿＿＿＿＿＿＿＿＿＿＿

④ A：毎日、＿＿＿＿＿＿＿＿＿＿＿＿＿（インターネットをする）

　 B：はい、よく＿＿＿＿＿＿＿＿＿＿＿＿＿＿

自分で（じぶんで）스스로　　　インターネット 인터넷

③ 문장 내용에 맞는 단어를 (　)안에 넣으세요.

今(いま)	ください	行(い)って	とる

① A : ヨーロッパに（　　　　　　　　　　）、何がしたいですか。

B : ショッピングがしたいです。

② A : ここにサインをして（　　　　　　　　　　）。

B : はい、わかりました。

③ A :（　　　　　）、何(なに)をしていますか。

B : 本(ほん)を読(よ)んでいます。

④ A : どうして、塾(じゅく)に通(かよ)っていますか。

B : 資格(しかく)を（　　　　）ために、塾(じゅく)に通(かよ)っています。

ヨーロッパ 유럽　　　　サイン 싸인

どうして 왜, 어째서　　　塾(じゅく) 학원　　　　通う(かよう) 다니다

친구와 이야기해 봅시다.

예 健康<ruby>けんこう</ruby>

예 A：○○さんは、健康<ruby>けんこう</ruby>のために、何をしていますか。

B：私<ruby>わたし</ruby>は、運動<ruby>うんどう</ruby>しています。

① ストレス解消<ruby>かいしょう</ruby>	② 英語<ruby>えいご</ruby>の勉強<ruby>べんきょう</ruby>	③ 卒業<ruby>そつぎょう</ruby>

내용에 맞는 그림을 고르시오.

I. 남자는 무엇을 부탁하고 있습니까? (　　　　　)

① 　②

2. 여자는 무엇을 부탁하고 있습니까? (　　　　　)

① 　②

私の家族は３人です。父と母と私です。

父はコンピューターの会社で働いています。

母は英語の先生です。子供に英語を教えています。

私は大学３年生です。日本語を勉強しています。

작문연습 かいてみよう

① 수업 후에는 아르바이트를 하고 있습니다.

_____

② 내일 10시에 와 주세요.

_____

③ 운동을 하고 샤워를 합니다.

_____

家族(かぞく) 가족　　　　　子供(こども) 아이

うんどう

運動

けんこう

健康

シャワー

サイン

ヨーロッパ

제 **10** 과

日本に行ったことが
ありますか

학습포인트 ●● 1. 동사 た형
          2. 동사 た형 ことが 있습니다
          3. 동사 た형 り、동사 た형 り

회화

マイケル：ミンジェさんは日本に行ったことがありますか。

ミンジェ：ぼくは、まだ海外旅行をしたことがありません。

マイケル：そうですか。

　　　　　私は、来週の金曜日から日本を旅行します。

ミンジェ：え！うらやましいなあ。

　　　　　どこに行きますか。

マイケル：九州です。

　　　　　飛行機のチケットも予約しました。

ミンジェ：九州で何をしますか。

マイケル：温泉に入ったり、ビールを飲んだりしたいです。

ミンジェ：ぼくも日本に行きたいなあ。

まだ	아직
来週 [らいしゅう]	다음주
旅行 [りょこう] する	여행하다
うらやましい	부럽다
九州 [きゅうしゅう]	큐슈(일본열도를 구성하는 4개 섬중 남쪽에 있는 섬 또는 그 섬을 중심으로 하는 지방)
飛行機 [ひこうき]	비행기
チケット	티켓
予約 [よやく]	예약
温泉 [おんせん]	온천
入る [はいる]	들어가다

① **동사의 た형을 만드는 방법**

동사 「た형」은 "~했다"라는 의미이며, 동사의 과거나 완료를 나타낸다. 활용방법은 제9과에서 학습한 「て형」을 만드는 방법과 동일하다.

	어미의종류	규칙		사전형	た형
1그룹	う、つ、る	う つ る	→ った	買う 사다	買った
				待つ 기다리다	待った
				作る 만들다	作った
	く、ぐ	く → いた ぐ → いだ		書く 쓰다	書いた
				泳ぐ 헤엄치다	泳いだ
		*예외 行く 가다 → 行った			
	ぬ、む、ぶ	ぬ む ぶ	→ んだ	死ぬ 죽다	死んだ
				飲む 마시다	飲んだ
				遊ぶ 놀다	遊んだ
	す	す → した		話す 이야기하다	話した
2그룹	る	る → た		見る 보다	見た
				寝る 자다	寝た
3그룹		불규칙활용		来る 오다	来た
				する 하다	した

② 동사 た형＋ことがあります　～한 적이 있습니다

- アルバイトをしたことがあります。　아르바이트를 한 적이 있습니다.
- ピアノを習<ruby>なら</ruby>ったことがあります。　피아노를 배운 적이 있습니다.
- 海<ruby>うみ</ruby>で泳<ruby>およ</ruby>いだことがあります。　바다에서 수영한 적이 있습니다.

③ 동사 た형＋リ、た형＋リ　～하거나 ～하거나

대표적인 동작을 열거할 때 사용하는 문형이다. 보통, 「～たり、～たり します」, 「～たり～たり しました」 와 같은 문형으로, 시제는 문장 마지막에 표시한다.

- 弟<ruby>おとうと</ruby>はときどき料理<ruby>りょうり</ruby>を作<ruby>つく</ruby>ったりします。

  남동생은 때때로 요리를 만들거나 합니다

- 週末<ruby>しゅうまつ</ruby>はゆっくり寝<ruby>ね</ruby>たり、掃除<ruby>そうじ</ruby>をしたりしました。

  주말은 푹 자거나 청소를 하거나 했습니다.

- 試験<ruby>しけん</ruby>の後<ruby>あと</ruby>は映画<ruby>えいが</ruby>を見<ruby>み</ruby>たり、音楽<ruby>おんがく</ruby>を聞<ruby>き</ruby>いたりしたいです。

  시험 후에는 영화를 보거나 음악을 듣거나 하고 싶습니다.

泳ぐ（およぐ）수영하다　掃除（そうじ）청소　　ときどき 때때로

1 예와 같이 문장을 완성해 봅시다.

예　　　　①　　　　　②　　　　　③

예　A：　<u>　お酒を飲んだ　</u>　ことがありますか。

　　　B：はい、あります。 / 　いいえ、ありません。

① A：_____ことがありますか。

　　 B：はい、あります。

② A：_____ことがありますか。

　　 B：いいえ、ありません。

③ A：_____ことがありますか。

　　 B：いいえ、ありません。

新幹線（しんかんせん）신칸센

② **예와 같이 문장을 완성해 봅시다.**

예　A：週末は何をしますか。

　　B：（本を読む、映画を見る）

　　　　<u>本を読んだり、映画を見たりします。</u>

① A：授業の後、何をしますか。

　　B：（友達に会う、本屋に行く）

　　　　_____します。

② A：きのうは何をしましたか。

　　B：（ネットカフェに行く、ユーチューブを見る）

　　　　_____しました。

③ A：日本で何をしたいですか。

　　B：（温泉に行く、すしを食べる）

　　　　_____したいです。

④ A：大学で何をしたいですか。

　　B：（好きな勉強をする、友達と遊ぶ）

　　　　_____したいです。

ネットカフェ PC방

3 문장 내용에 맞는 단어를 (　)안에 넣으세요.

| こと | 来て | 聞いたり | の |

① A：マイケルさん、授業（　　　　　）後、飲みに行きませんか。

　　B：いいですね。

② A：地下鉄の中で何をしますか。

　　B：音楽を（　　　　　　）、寝たりします。

③ A：東京に行った（　　　　　）がありますか。

　　B：ええ、去年、行きました。

④ A：韓国に（　　　　　　）、どこか行きましたか。

　　B：ソウルのミョンドンに行きました。

どこか 어딘가　　　ミョンドン 명동

친구와 함께 말해 봅시다.

예와 같이 「〜한 적이 있습니까?」의 문장을 만들고 친구에게 질문해 보세요. 한 적이 있으면 ○, 한 적이 없으면 ×로 표기하세요.

질문	Bさん	Cさん
예 日本_{にほん}に行く → A：日本に行ったことがありますか。 B：(○) はい、行ったことがあります。大阪に行きました。 C：(×) いいえ、行ったことがありません。	○	×
① 留学_{りゅうがく}をする → _____		
② ピアノを習_{なら}う → _____		
③ すしを食_たべる → _____		

내용에 맞는 그림을 고르시오.

① 　② 　③

私は、今度の冬休みに初めて日本に行きます。大阪です。

大阪ではショッピングをしたり、USJに行ったりしたいです。

また、おこのみ焼きも食べたいです。

작문연습 かいてみよう

① 스키를 배운 적이 있습니다.

_____

② 콘서트에 간 적이 있습니다.

_____

③ 주말에는 카페에 가거나 친구를 만나거나 합니다.

_____

今度（こんど）이번, 다음번　　**初めて**（はじめて）처음　　**ぜひ** 꼭, 반드시

スキー 스키　　　　　　　　**コンサート** 콘서트

よやく

予約

りょこう

旅行

チケット

インターネット

ビール

회화

스즈키 선생님 : 여러분 안녕하세요. 이쪽은 유학생 에리카씨입니다.

에리카 : 안녕하세요. 니시무라 에리카입니다. 일본에서 왔습니다.
잘 부탁합니다.

● ● ●

에리카 : 처음 뵙겠습니다. 에리카입니다. 잘 부탁드립니다.

해진　 : 저야말로 잘 부탁드립니다.

에리카 : 해진씨는 학생입니까?

해진　 : 아니오, 학생이 아닙니다. 회사원입니다.

연습문제

Ⅰ. ① エンジニアです。　② 日本人です。

③ 高校生じゃありません。　④ 中国学科じゃありません。

2. ① A : ケータイ　　B : そのケータイはエリカさんのです。

　　② A : 時計　　　　B : その時計は友達のです。

　　③ A : パソコン　　B : そのパソコンは彼のです。

3. ① 何　　　② じゃありません　　　③ の　　　④ は

▶ **듣기연습**

🎧 1. 先生 : おはようございます。

　　エリカ : おはようございます。

🎧 2. はじめまして、私は田中です。エンジニアです。

　　よろしくお願いします。

답 1. ③　　　2. ③

▶ **독해연습**

처음 뵙겠습니다. 제 이름은 에리카입니다. 일본 사람입니다. 대학

교 2학년입니다.

컴퓨터학과입니다. 잘 부탁드리겠습니다.

▶ **작문연습**

① わたしはアメリカ人です。

② (お)名前は何ですか。

③ 彼女は会社員です。

▶ 회화

해진 : 체크인 부탁합니다.

프런트 : 예, 성함을 부탁드립니다.

해진 : 이해진입니다.

프런트 : 이해진님이네요. 방은 1032호실입니다. 이것은 방 카드키
입니다.

해진 : 방은 몇 층입니까?

프런트 : 10층입니다.

해진 : 와이파이는 있습니까?

프런트 : 네, 이 번호입니다. 스탭은 프런트에 있습니다. 언제든지
문의하세요.

해진 : 감사합니다.

▶ 연습문제

I. ① A : ありますか。 B : あります。

② A : いますか。　 B : いません。

③ A : ありますか。 B : ありません。

④ A : いますか。　 B : います。

2. ① かばんの中にケータイがあります。

② 家の近くにスーパーがあります。

③ ３階に自動販売機があります。

④ 教室に学生がいます。

3. ① どこ　② あります　③ ３階　④ いません

▶ **듣기연습**

🎧 ① 自動販売機は、２階にあります。
じどうはんばいき　　　　　かい

② 4階にコンビニがあります。

③ 本屋は３階です。

답 ① ×　　② ×　　③ ○

▶ **독해연습**

역 근처에 도서관이 있습니다. 도서관 안에 카페가 있습니다. 주말에는 사람들이 많이 있습니다.

▶ **작문연습**

① 図書館に先生がいます。

② 学校の前にスーパーがあります。

③ ここにトイレはありますか。

4과

▶ **회화**

민재   : 에리카씨는 몇 시에 학교에 옵니까?

에리카 : 매일 8시에 옵니다. 9시에 수업이 있어요. 민재씨는요?

민재   : 저도 9시부터 수업이 있어요.

에리카 : 민재씨, 아침 밥을 먹었어요?

민재   : 아니오, 아침은 시간이 없습니다.

에리카 : 그럼, 이 빵 드세요.

민재   : 아 ! 고맙습니다. 저도 내일부터 빨리 일어나겠습니다.

▶ **연습문제**

1. ① ビールを飲みます。② メールを書きます。

    ③ 運動しません。   ④ ユーチューブを見ません。

    ⑤ 水を飲みました。   ⑥ 7時に起きました。

    ⑦ 料理を作りませんでした。   ⑧ バスに乗りませんでした。

2. ① 11時に寝ます。   ② 4時半に終わりました。

    ③ 買います。買いません。   ④ 見ました。見ませんでした。

3. ① 何時   ② 休みましたか   ③ に   ④ します

🎧 Ａ：すみません、図書館は何時から何時までですか。

Ｂ：9時から5時までです。

Ａ：やすみは何曜日ですか。

Ｂ：月曜日です。

답 ③

▶ 독해연습

오늘은 토요일입니다. 아침에 숙제를 했습니다. 일본어 자기소개를

썼습니다.

오후에 친구를 만났습니다. 친구와 한국 영화를 봤습니다.

▶ 작문연습

① 9時から5時まで働きます。

② 毎日7時に起きます。

③ 日曜日はお花見をしました。

5과

▶ **회화**

점원 : 어서 오세요.

에리카 : 와아! 귀여운 케익들이 많네요.

해진 : 이 가게는 인기가 있어요.

에리카 : 하나가 9000원! 비싸네요.

해진 : 굉장히 맛있어요. 에리카씨는 어느 케이크가 좋아요?

에리카 : 저는 치즈 케이크로 하겠습니다.

해진 : 저는 초코 케이크로 할게요.

점원 : 주문은(어떻게 하시겠습니까) ?

해진 : 치즈 케이크 하나랑 초코 케이크 하나 부탁할게요.

점원 : 감사합니다.

▶ **연습문제**

1. ① 難しいです。難しくないです。

② かわいいです。かわいくないです。

③ 遠いです。遠くないです。

④ おいしいです。おいしくないです。

2. ① 雪が多くて、食べ物がおいしい

   ② 駅から近くて、部屋が広い

   ③ みんなやさしくて、楽しい

3. ① いくら　② 高くないです　③ ところ　④ どうですか

▶ 듣기연습

🎧 1. ミンジェさんのかばんはどれですか？

   大きいです。黒いです。とても高いかばんです。

🎧 2. エリカさんは、何を注文しましたか？

   男：エリカさん、何にしますか。

   女：私はとんかつにします。

   男：私はラーメンにします。

   　　この店はラーメンがおいしいです。

답 1. ③　　2. ②

▶ 독해연습

나의 학교는 이케부쿠로에 있습니다. 이케부쿠로는 음식이 싸고 학생들이 많습니다.

대학교 가까이에는 예쁜 카페나 책방이 있습니다. 자주 친구와 함께 갑니다.

①きょうは天気がいいです。

②日本語の試験は難しいですか。―難しくないです。

③あやかさんはいつも忙しい人です。

6과

▶ **회화**

민재　　　　　: 스즈키선생님은 어떤 음악을 좋아합니까?

스즈키선생님: 나는 클래식을 좋아합니다. 민재는?

민재　　　　　: 저는 록을 좋아합니다.

스즈키선생님: 와~. 록은 전혀 몰라요.

민재　　　　　: 록은 재미있어요. 스트레스해소에도 좋아요.

스즈키선생님: 그렇군요. 좋아하는 가수는 누구입니까?

민재　　　　　: 퀸입니다.

스즈키선생님: 아~, 퀸은 유명하고 멋있지요.

▶ **연습문제**

1.

①はい、きれいです。 ／ いいえ、きれいではありません。

②はい、まじめです。／　いいえ、まじめではありません。

③はい、にぎやかな町です。／

　　いいえ、にぎやかな町ではありません。

　2.

① 有名できれいです。

② 大変でいそがしいです。

③ 静かで広いです。

　3.

① どんな　　② きれいで　　③ が　　④ 便利です

▶ **듣기연습**

🎧 ① この問題は簡単です。

　② このケータイは便利です。

　③ ゆりこさんは歌が上手です。

　④ きょうは暇ではありません。

　⑤ りょうたくんは真面目です。

　⑥ これは、おいしくないです。

답 ①（×）　②（○）　③（○）　④（○）　⑤（○）　⑥（○）

▶ **독해연습**

나는 스포츠를 좋아합니다. 매일 운동하기 때문에 매우 건강합니다.

특히 축구를 좋아합니다. 일요일에는 축구시합이 있습니다. 매우 기

대됩니다.

▶ **작문연습**

① 私はすしが好きです。

② 先生は有名な人です。

③ 図書館は静かで広いです。

7과

▶ **회화**

해진 : 여보세요. 에리카씨, 해진입니다.

에리카: 해진씨, 안녕.

해진 : 오늘 아니면 내일, 노래방에 가지않겠습니까?

에리카: 오늘은 카페에서 아르바이트를 하기 때문에…. 좀~.

내일은 어떻습니까?

해진 : 좋아요. 내일로 합시다.

에리카: 기뻐요! 나는 K-POP를 부르고 싶어요.

해진　: 그럼, 학교 근처 노래방으로 합시다.

에리카: 네, 알겠습니다.

해진　: 내일 다시 전화 할께요.

▶ **연습문제**

Ⅰ.

① 見に行きませんか。／　見ましょう。

② しに行きませんか。／　しましょう。

③ 習いませんか。／　習いましょう。

④ 買いに行きませんか。／　買いに行きましょう。

2.

① 飲みたいですか。／　飲みたいです。

② したいですか。／したいです。

③ 買いたいですか。／　買いたいです。

④ 食べたい。／　食べたいです。

3. ① 食べに　　② 行きましょう　　③ から　　④ いっしょに

▶ **듣기연습**

🎧 はるかさんは、あした何をしますか。

男　はるかさん、SF映画をみませんか。

女　え！SFはちょっと・・・。

男　じゃあ、カラオケはどうですか。

女　はい、行きたいです！

男　じゃあ、明日、図書館の前で３時に会いましょう。

답 ③

▶ **독해연습**

나는 엔지니어입니다. 월요일부터 금요일까지 일합니다. 매일 매우
바쁩니다.

주말은 집에서 푹 쉬고 싶습니다.

▶ **작문연습**

① 夏休みに旅行に行きたいです。

② いっしょにコーヒーを飲みに行きませんか。

③ 天気がいいですから歩きましょう。

▶ **회화**

민재　　: 유우키군, 새 스마트폰을 샀습니까?

유우키: 네, 이것입니다.

민재　　: 와~ 멋지네요.

유유키: 굉장히 편리해요. 매일 게임합니다.

민재　　: 유우키군은 게임을 좋아합니까?

유우키: 많이 좋아합니다. 취미는 게임하는 것 입니다.

민재　　: 와~. 내 취미는 운전하는 것 입니다. 자주 드라이브하러 갑니다.

유우키: 좋네요. 나는 아직 면허가 없습니다.

민재　　: 그렇습니까?

유우카: 취업을 위해서 올해는 면허를 취득하는 것이 목표입니다.

민재　　: 화이팅입니다. 내년에는 함께 드라이브 합시다.

▶ **연습문제**

Ⅰ.

① 写真をとること

② ゲームをすること

③ 家会話を習うこと

④ 海外旅行をすること

2.

① 漢字を読む

② カタカナを書く

③ イタリア料理を作る

④ 日本語で話す

3.

① 予約　　② ために　　③ どうですか　　④ 書く

▶ 듣기연습

🎧 私の趣味は料理を作ることです。

今週は料理教室でキムチを作ります。

また、野球が好きです。毎週、野球をします。

답 ②

▶ 독해연습

나는 4학년입니다. 올해 겨울방학의 목표는 일본어 자격증을 취득하는 것 입니다.

졸업해서 일본에 유학하고 싶습니다. 나는 일본 애니메이션에 관심이 있습니다.

그래서 일본에서는 애니메이션 공부를 할 예정입니다.

① 私は日本語を書くことができます。

② 私は運転することができます。

③ 私の趣味は音楽を聞くことです。

9과

▶ **회화**

해진   : 수업 후, 항상 무엇을 합니까?

유우키: 주3회, 아르바이트를 하고 있습니다.

해진   : 그렇습니까? 대단해요

유우키: 아르바이트를 해서 새 PC를 사고 싶습니다.

　　　　해진씨도 아르바이트를 하고 있습니까?

해진   : 아니오, 수업 후는 헬스장에서 운동하고 있습니다.

유우키: 와!, 운동합니까?

해진   : 유우키군도 함께 헬스장에 가지 않겠습니까?

유우키: 어, 나는 운동 잘 못해요...

해진   : 유우키군도 건강을 위해 운동하세요.

 **연습문제**

1.

① ソウルに行って買い物をします。

② 図書館に行って本を読みます。

③ 友達に会ってカラオケに行きました。

④ バイトをして家に帰りました。

2.

① ご飯を作っていますか。／ 作っています。

② 運動をしていますか。／ 運動をしていません。

③ 家族と話していますか。家族と話していません。

④ インターネットをしていますか。／ インターネットをしています。

3.

① 行って　　② ください　　③ 今　　④ とる

▶ **듣기연습**

🎧 1. 男：すみません、お茶をください。

　　 女：はい、どうぞ。

🎧 2. 女：本を読んでください。

　　 男：はい。

답 1.①　　2.②

▶ **독해연습**

나의 가족은 3명입니다. 아버지, 어머니, 나입니다.

아버지는 컴퓨터회사에서 일합니다.

어머니는 영어 선생님입니다. 아이들에게 영어를 가르치고 있습니다.

나는 대학교 3학년입니다. 일본어를 공부하고 있습니다.

▶ **작문연습**

① 授業の後はアルバイトをしています。

② あした、１０時に来てください。

③ 運動をしてシャワーをします。

10과

▶ **회화**

마이클: 민재는 일본에 간 적이 있습니까?

민재　 : 나는 아직 해외여행을 한 적인 없습니다.

마이클: 그렇습니까? 나는 다음주 금요일부터 일본을 여행합니다.

민재　 : 와! 부러워요. 어디에 갑니까?

마이클: 큐슈입니다. 비행기티켓도 예약했습니다.

민재 : 큐슈에서 무엇을 합니까?

마이클: 온천에 들어가거나 맥주를 마시거나 하고 싶습니다.

민재 : 나도 일본에 가고 싶어요~

▶ 연습문제

Ⅰ.

① 新幹線に乗った

② 温泉に入った

③ お好み焼きを食べた

2.

① 友達に会ったり、本屋に行ったり

② ネットカフェに行ったり、ユーチューブを見たり

③ 温泉に行ったり、すしを食べたり

④ 好きな勉強をしたり、友達と遊んだり

3. ① の　②聞いたり　③こと　④来て

▶ 듣기연습

男　はるかさん、バイトをしたことがありますか。

女　はい、コンビニでバイトしたことがあります。

だいすけくんは？

男　　ぼくはありません。

　　　でも、来週からカフェでバイトをします。

女　　毎日しますか。

男　　いいえ、金曜日と土曜日です。

女　　そうですか。

답　①

▶ **독해연습**

나는 이번 겨울방학에 처음 일본에 갑니다. 오사카입니다.

오사카에서는 쇼핑을 하거나 USJ에 가거나 하고 싶습니다.

또, 오코노미야키를 먹고 싶습니다.

▶ **작문연습**

① スキーを習ったことがあります。

② コンサートに行ったことがあります。

③ 週末はカフェに行ったり、友達に会ったりします。

단어 찾아보기

2과			
あ행	あ	あそこ	저기
		あちら	저쪽
		兄(あに)	형, 오빠
		姉(あね)	누나, 언니
		あの	저
		あれ	저것
	い	いいえ	아니요
		妹(いもうと)	여동생
	え	英語(えいご)	영어
	お	弟(おとうと)	남동생
か행	か	会社員(かいしゃいん)	회사원
		かばん	가방
		韓国人(かんこくじん)	한국인
	が	学生(がくせい)	학생
	こ	ここ	여기
		こちら	이쪽
		こちらこそ	저야말로
		この	이
		これ	이것
		こんにちは	안녕하세요
		高校生(こうこうせい)	고등학생
さ행	し	食堂(しょくどう)	식당

	せ	先生(せんせい)	선생님
	そ	そこ	거기
		そちら	그쪽
		その	그
		それ	그것
た행	た	大学(だいがく)	대학
	だ	大学生(だいがくせい)	대학생
	ち	父(ちち)	아버지
		中国学科(ちゅうごくがっか)	중국학과
	と	時計(とけい)	시계
		友達(ともだち)	친구
	ど	どこ	어디
		どちら	어느 쪽
		どの	어느
		どれ	어느 것
な행	な	名前(なまえ)	이름
	に	日本(にほん)	일본
		日本人(にほんじん)	일본인
は행	は	はい	네
		はじめまして	처음 뵙겠습니다
		母(はは)	어머니
	ひ	人(ひと)	사람
	ほ	本(ほん)	책
ま행	み	みなさん	여러분
ら행	り	留学生(りゅうがくせい)	유학생
	カタカナ語	アメリカ人(〜じん)	미국인
		エンジニア	엔지니어
		ケータイ	휴대폰

		コンピューター	컴퓨터
		パソコン	PC
		ノート	노트

● ● ●

3과			
あ행	い	椅子(いす)	의자
		家(いえ、うち)	집
		いつでも	언제나
		犬(いぬ)	개
	う	上(うえ)	위
		後ろ(うしろ)	뒤
	え	駅(えき)	역
か행	か	会社(かいしゃ)	회사
	き	教室(きょうしつ)	교실
さ행	し	下(した)	아래
		週末(しゅうまつ)	주말
	じ	自動販売機(じどうはんばいき)	자동판매기
		授業(じゅぎょう)	수업
	そ	そうです	그렇습니다
		外(そと)	밖
た행	た	建物(たてもの)	건물
		たくさん	많이
	つ	机(つくえ)	책상
	と	図書館(としょかん)	도서관
		隣(となり)	옆
は행	ば	番号(ばんごう)	번호
	へ	部屋(へや)	방
な행	な	中(なか)	안

		何階(なんかい)	몇 층
ま행	ま	前(まえ)	앞
	カタカナ語	エーティーエム	현금인출기
		エレベーター	엘리베이터
		カフェ	카페
		カードキー	카드 키
		コンビニ	편의점
		スタッフ	스탭
		スーパー	마트
		チェックイン	체크인
		トイレ	회장실
		フロント	프런트
		レストラン	레스토랑
		ワイファイ	외이파이

● ● ● ●

4과			
あ행	あ	会う(あう)	만나다
		朝(あさ)	아침
		朝ごはん(あさごはん)	아침밥
		あした	내일
		遊ぶ(あそぶ)	놀다
	い	行く(いく)	가다
		いつ	언제
	う	運動(うんどう)	운동
	え	映画(えいが)	영화
	お	起きる(おきる)	일어나다
		終わる(おわる)	끝나다

か행	か	帰る(かえる)	돌아가다
		買う(かう)	사다
		書く(かく)	쓰다
	が	学校(がっこう)	학교
	き	きのう	어제
		きょう	오늘
		金曜日(きんようび)	금요일
	く	来る(くる)	오다
	げ	月曜日(げつようび)	월요일
	ご	午後(ごご)	오후
さ행	さ	時間(じかん)	시간
		自己紹介(じこしょうかい)	자기소개
		宿題(しゅくだい)	숙제
		水曜日(すいようび)	수요일
		する	하다
た행	た	食べる(たべる)	먹다
		誕生日(たんじょうび)	생일
	つ	作る(つくる)	만들다
	ど	土曜日(どようび)	토요일
な행	な	何時(なんじ)	몇 시
	に	日曜日(にちようび)	일요일
	ね	寝る(ねる)	자다
	の	飲む(のむ)	마시다
		乗る(のる)	타다
は행	は	入る(はいる)	들어가다
		働く(はたらく)	일하다
		花見(はなみ)	꽃구경
		早く(はやく)	빨리

	べ	勉強する(べんきょうする)	공부하다
ま행	ま	毎日(まいにち)	매일
	み	見る(みる)	보다
	も	木曜日(もくようび)	목요일
や행	や	休み(やすみ)	휴일
	よ	読む(よむ)	읽다
ら행	り	料理(りょうり)	요리
	カタカナ語	コーヒー	커피
		バス	버스
		パン	빵
		ビール	맥주
		プレゼント	선물
		メール	메일

● ● ● ●

5과			
あ행	あ	新しい(あたらしい)	새롭다
		暑い(あつい)	덥다
		あまい	달다
	い	いい	좋다
		いくら	얼마
		いつも	항상
		いっしょに	함께
	お	おいしい	맛있다
		多い(おおい)	많다
		大きい(おおきい)	크다
		おもしろい	재미있다
か행	か	かわいい	귀엽다

	く	黒い(くろい)	검다
さ행	ざ	雑誌(ざっし)	잡지
	し	試験(しけん)	시험
	す	すごく	굉장히
	せ	背(せ)	키
		生活(せいかつ)	생활
た행	た	高い(たかい)	비싸다, 높다
		食べ物(たべもの)	음식
		楽しい(たのしい)	즐겁다
	ち	近い(ちかい)	가깝다
		注文(ちゅうもん)	주문
	て	店員(てんいん)	점원
		天気(てんき)	날씨
	と	遠い(とおい)	멀다
		ところ	곳
	ど	どんな	어떤
は행	ひ	広い(ひろい)	넓다
な행	に	人気(にんき)	인기
	ぶ	物価(ぶっか)	물가
ま행	み	店(みせ)	가게
		みんな	모두
	む	難しい(むずかしい)	어렵다
や행	や	やさしい	상냥하다
		安い(やすい)	싸다
	ゆ	雪(ゆき)	눈
	よ	よく	자주
	カタカナ語	アイスクリーム	아이스크림

		アパート	アパート
		ウォン	원
		ケーキ	케익
		スマホ	스마트폰
		チケット	티켓
		チーズ	치즈
		チョコ	쵸코
		Tシャツ	티셔츠
		ラーメン	라면

● ● ●

6과			
あ행	あ	あまり	그다지
	い	忙しい(いそがしい)	바쁘다
	う	歌(うた)	노래
		運動(うんどう)	운동
	お	音楽(おんがく)	음악
か행	か	解消(かいしょう)	해소
		歌手(かしゅ)	가수
		かっこいい	멋지다
	き	きれいだ	예쁘다, 깨끗하다
	く	国(くに)	나라
	け	景色(けしき)	경치
	げ	元気だ (げんきだ)	건강하다
	こ	交通(こうつう)	교통
さ행	し	試合(しあい)	시합
		仕事(しごと)	일,직업
		静かだ(しずかだ)	조용하다
		親切だ(しんせつだ)	친절하다

	す	好きだ(すきだ)	좋아하다
	ぜ	全然(ぜんぜん)	전혀
た행	た	大変だ(たいへんだ)	힘들다
		楽しみ(たのしみ)	즐거움,기대
	と	特に(とくに)	특히
な행	な	納豆(なっとう)	낫토
	に	にぎやかだ	번화하다
は행	べ	便利だ(べんりだ)	편리하다
ま행	ま	毎日(まいにち)	매일
		まじめだ	성실하다
		町(まち)	거리
ら행	り	料理(りょうり)	요리
	カタカナ語	クラシック	클래식
		スポーツ	스포츠
		デパート	백화점
		ハンサム	잘생겼다
		ロック	록

● ● ●

7과			
あ행	あ	歩く(あるく)	걷다
	う	歌う(うたう)	부르다
		海(うみ)	바다
		うれしい	기쁘다
	お	お茶(おちゃ)	차
		お弁当(おべんとう)	도시락
		おなか	배
	す	(おなかが)すく	(배가) 고프다

た행	ち	ちょっと	좀
は행	ひ	昼ごはん(ひるごはん)	점심
な행	な	習う(ならう)	배우다
や행	や	山(やま)	산
	ゆ	ゆっくり	푹(쉬다), 천천히
わ행	わ	わかる	알다
	カタカナ語	アルバイト	아르바이트
		カラオケ	노래방
		ジュース	쥬스
		タクシー	택시
		ボールペン	볼펜
		レポート	레포트

● ● ●

8과			
あ행	あ	雨(あめ)	비
	う	運転(うんてん)	운전
	え	英会話(えいかいわ)	영어회화
か행	か	買い物(かいもの)	쇼핑
		海外旅行(かいがいりょこう)	해외여행
		漢字(かんじ)	한자
	き	聞く(きく)	듣다
		去年(きょねん)	작년
		興味(きょうみ)	흥미
	こ	今月(こんげつ)	이번달
		今年(ことし)	올해
		今週(こんしゅう)	이번주
さ행	し	写真(しゃしん)	사진

		趣味(しゅみ)	취미
		就職(しゅうしょく)	취직
	せ	先月(せんげつ)	지난달
		先週(せんしゅう)	지난주
	そ	それで	그래서
た행	だ	大好きだ(だいすきだ)	아주 좋아하다
	と	撮る(とる)	찍다
		(免許(めんきょ)を)とる	(면허를)취득하다
は행	ひ	(ピアノを)ひく	(피아노를)치다
	ふ	冬休み(ふゆやすみ)	겨울방학
ま행	め	免許(めんきょ)	면허
	も	目標(もくひょう)	목표
や행	よ	夜(よる)	밤
ら행	ら	来月(らいげつ)	다음달
		来週(らいしゅう)	다음주
		来年(らいねん)	내년
	カタカナ語	アニメ	애니메이션
		イタリア	이탈리아
		ドライブ	드라이브
		ピアノ	피아도
		ファイト	회이팅

● ● ●

9과			
か행	か	家族(かぞく)	가족
		通う(かよう)	다니다
	く	空港(くうこう)	공항
	け	健康(けんこう)	건강

	こ	子供(こども)	아이
さ행	し	週(しゅう)	주
	じ	自分(じぶん)	자신
		塾(じゅく)	학원
	す	すごい	대단하다
た행	ち	地下鉄(ちかてつ)	지하철
	ど	どうして	왜
な행	に	苦手だ(にがてだ)	능숙하지 못하다
ま행	ま	毎朝(まいあさ)	매일 아침
	カタカナ語	インターネット	인타넷
		サイン	싸인
		ジム	헬스장
		シャワー	샤워
		ニュース	뉴스
		ヨーロッパ	유럽

● ● ●

10과			
あ행	う	うらやましい	부럽다
	お	泳ぐ(およぐ)	헤엄치다
		温泉(おんせん)	온천
か행	こ	今度(こんど)	이번,다음번
さ행	し	新幹線(しんかんせん)	신칸센
	ぜ	ぜひ	꼭
	そ	掃除する(そうじする)	청소하다
た행	と	ときどき	때때로
	ど	どこか	어딘가
は행	は	初めて(はじめて)	처음

	ひ	飛行機(ひこうき)	비행기
ま행	ま	まだ	아직
や행	よ	予約する(よやくする)	예약하다
ら행	り	旅行する(りょこうする)	여행하다
	カタカナ語	コンサート	콘서트
		スキー	스키
		チケット	티켓
		ネットカフェ	PC방

저자 약력

김현주
한림대학교 일본학과 졸업
일본 히로시마대학교 사회과학연구과 석사과정수료(학술석사)
일본 히로시마대학교 사회과학연구과 박사과정수료(학술박사)
전 일본 鳥取県西伯町（현재 南部町）국제교류원
전 일본 히로시마국제대학교 한국어 강사
전 일본 히로시마수도대학교 한국어 강사
전 일본 시마네현립대학교 한국어 강사
현 한림대학교 일본어 강사

번역서
『하루 3 분 네트워크 교실』저자 : 아미노 에이지 , 번역 : 김현주 , 영진닷컴 , 2016 년
『뇌가 젊어지는 엄지손가락 자극법』저자 : 하세가와 요시야 , 번역 : 김현주 , 영진닷컴 , 2017 년

고시로 아키코（小城　彰子）
일본 学習院大学 文学部 (문학사)
일본 拓殖大学大学院 言語教育研究科 日本語教育 (석사)
한국외국어대학교 대학원 일어일문학과 일본어학 (박사)

현 한림대학교 인문대학 일본학과 부교수(어학)
koshiro@hallym.ac.kr

저서
(공저)『日本学・日本語教育 2 音韻 音声』J&C

la la la 일본어

초판발행	2022년 9월 13일
지은이	김현주 · 고시로 아키코
펴낸이	안종만 · 안상준
편 집	김선경
기획/마케팅	손준호
디자인	이수빈
제 작	고철민 · 조영환
펴낸곳	(주) 박영사
	서울특별시 금천구 가산디지털2로 53, 210호(가산동, 한라시그마밸리)
	등록 1959.3.11. 제300-1959-1호(倫)
전 화	02)733-6771
f a x	02)736-4818
e-mail	pys@pybook.co.kr
homepage	www.pybook.co.kr
ISBN	979-11-303-1507-2 93730

copyright©김현주·고시로 아키코, 2022, Printed in Korea

정 가   17,000원